SDGsを実現する
2030年の仕事
未来図

2巻　よりよい社会をつくる仕事

著　SDGsを実現する2030年の
仕事未来図編集委員会

あなたへのメッセージ

あなたは、未来の自分がどんな仕事についているか、想像《そうぞう》してみたことはありますか。未来の自分に思いをめぐらせること、社会のなかで活躍《かつやく》する自分を想像することは、10年後20年後の自分と社会のかかわりを考えてみることにつながります。あなたが子どもから大人に近づきつつある証拠《しょうこ》です。

あなたは、どんな仕事に就《つ》きたいと思っていますか？　具体的な職業《しょくぎょう》はわからなくても、自分に合った仕事をしたい、自分を生かせる道に進めたらよいと考えていることでしょう。そして多くの人が、人によろこばれる仕事に就きたいと思っているようです。

「仕事未来図」シリーズは、自分たちがくらす社会をよりよくしていきたいと考え、新しい仕事に挑戦《ちょうせん》している多くの人と仕事を紹《しょう》介《かい》しています。「だれ一人取り残さない社会」をつくるための仕事として、「SDGs《エス・ディー・ジーズ》（持続可能《かのう》な開発目標）」の17のゴールに合わせて分類しています。

あなたの興味《きょうみ》や関心をひくような仕事があるでしょうか。この本が、あなたが自分の未来の仕事を想像するときのヒントになってくれたらうれしいです。

執筆者《しっぴつしゃ》一同

この本の構成《こうせい》

1章 先進的な仕事をしている人々《ひとびと》

現在《げんざい》、日本や世界で未来につながる仕事をしている人々《ひとびと》や会社などを取り上げました。この巻《かん》ではSDGsのゴール７から11にかかわる、「よりよい社会をつくる」ための先進的な仕事をしている人々が登場します。また、人物漫画《まんが》では、過去《かこ》に大事な仕事をした人を紹介《しょうかい》しました。

SDGsのゴールから未来の仕事を考えてみよう

SDGsのゴール７から11までの目標をイラストで表現《ひょうげん》しました。よりよい社会をつくるための仕事を考えてみましょう。

2章 未来仕事図鑑《ずかん》

未来に向かってさらに発展《はってん》した仕事、現《あらわ》れるかもしれない仕事や新しい技術《ぎじゅつ》を考えて、「想像図《そうぞうず》」を描《えが》いてみました。この本を読みながら、10年後やさらに未来に、どのような仕事や技術が現れてくるのか考えると楽しいですよ。

【資料《しりょう》】SDGs（持続可能《かのう》な開発目標）

SDGsのゴール７から11までの内容《ないよう》と主なターゲット（小目標）の解説《かいせつ》です。

あなたへのメッセージ……2

この本の構成《こうせい》……3

1章　先進的な仕事をしている人々《ひとびと》

地域《ちいき》づくりを小水力発電で！――ベンチャー企業《きぎょう》が地域の小水力発電所づくりをサポート………6

「やっかいもの」の雪を活用しよう！――雪でエネルギーと産業を生み出す………8

ジュエリーに職人技《しょくにんわざ》を活《い》かしたい――伝統《でんとう》工芸の価値《かち》を日常《にちじょう》生活に………10

学校の運営資金《うんえいしきん》を卒業生が稼《かせ》ぎ出《だ》す――内戦の痛手《いたで》が残るカンボジアの人気サーカス団《だん》………12

離《はな》れていてもロボットがつなげてくれる――可能性《かのうせい》を広げる分身ロボットをつくる………14

義足《ぎそく》で自由に歩ける喜《よろこ》びを届《とど》ける――ロボット技術《ぎじゅつ》で「パワード義足」を開発………16

車いすを革新的《かくしんてき》な乗り物に！――デザインと技術《ぎじゅつ》で障壁《しょうへき》をこえる………17

妊婦《にんぷ》さんの安全を技術《ぎじゅつ》で支《ささ》えたい――赤ちゃんの様子がわかる機器の開発・販売《はんばい》………18

人物漫画《まんが》　最後まで徹底的《てっていてき》に生きた物理学者　**湯浅年子《ゆあさとしこ》の仕事**………20

パソコン再生《さいせい》で環境《かんきょう》と難民《なんみん》を守る――難民が安心して働ける居場所《いばしょ》を起業………22

人物漫画《まんが》　福祉《ふくし》に生きた女優《じょゆう》　**宮城《みやぎ》まり子の仕事**………24

“違《ちが》い”を愛する社会をつくろう――異文化《いぶんか》が交わる教育で偏見《へんけん》から抜《ぬ》け出《だ》して対話する………26

本は読まれたがっている！――１万円であなたが読みたい本を選書します………27

放置竹林《ほうちちくりん》問題にメンマで挑《いど》む――ピリ辛《から》メンマで地域《ちいき》の山林と農業を救《すく》う………28

おいしい料理を地元の食材で！――カフェ＆ゲストハウスからよりよい未来への地域《ちいき》づくり………30

SDGs のゴールから未来の仕事を考えてみよう………32

もくじ

2章　未来仕事図鑑《ずかん》

空水陸用タクシードライバー………34

義手《ぎしゅ》・義足《ぎそく》デザイナー………35

体内検査《けんさ》ロボットコントローラー………36

仮想《かそう》旅行コーディネーター……37

思い出キュレイター……38

宇宙《うちゅう》旅行ガイド……39

子育て支援《しえん》ロボット開発者……40

インフラメンテナンスドクター……41

リモート建設《けんせつ》ドライバー……42

ドローン配達セキュリティー………43

【資料《しりょう》】SDGs（持続可能《かのう》な開発目標）………44

さくいん……46

社会的企業 地域《ちいき》づくりを小水力発電で！

──ベンチャー企業《きぎょう》が地域の小水力発電所づくりをサポート

＊ベンチャー企業《きぎょう》… 独自《どくじ》のアイデアや技術《ぎじゅつ》をもとに、新しいビジネスに挑戦《ちょうせん》している企業。

福岡県にある株式会社《かぶしきがいしゃ》リバー・ヴィレッジは、九州大学工学研究院の河川《かせん》の研究室から生まれたベンチャー企業《きぎょう》です。代表の村川友美《むらかわともみ》さんたちが中心になって、2013年に設立《せつりつ》されました。７人のメンバーはそれぞれ河川、生態《せいたい》、地質《ちしつ》、地域《ちいき》づくり、郷土史《きょうどし》などの専門家《せんもんか》です。

小水力発電所をつくるには、建設《けんせつ》自体の時間よりも法的な手続きや地域のいろいろな人との調整などに何年もかかることがあります。村川さんたちは専門性《せんもんせい》を生かして、10年後、20年後もその地域に役に立つような形の発電所づくりをサポートするために、会社を立ちあげました。これまでに、九州を中心に10の地域で小水力発電所を手がけてきました。

環境《かんきょう》にやさしい小水力発電

水力発電は、水の流れる力や落下する力で水車を回し、水車につなげた発電機を回転させることで発電するしくみです。小水力発電は、河川《かせん》や農業用水、すでにある砂防《さぼう》ダム、上下水道などの水を、そのまま利用することができます。未来まで持続可能《かのう》な発電方式です。ダムなどの大規模《だいきぼ》水力発電と違《ちが》い、大がかりな構造物《こうぞうぶつ》を建設《けんせつ》する必要がなく、環境《かんきょう》への影響《えいきょう》も少なく、建設費用《けんせつひよう》も低くすることができます。

一方で、水資源《みずしげん》は昔から地域《ちいき》固有の農業や地域の産業に使われていることなどがあり、水力発電に利用するためには、権利《けんり》の調整を含《ふく》めた地元の合意や行政《ぎょうせい》の許可《きょか》の取り方などに専門的《せんもんてき》な知識《ちしき》が必要です。そのため、太陽光や風力発電などと比《くら》べてつくられる数が限《かぎ》られているのが現状《げんじょう》です。

（左）宮崎県日之影《ひのかげ》町の農業用水を活用した大日《おおひ》止昴《とすばる》小水力発電所。稲作《いなさく》に水を使わないときだけ発電を行います。
（右）佐賀県吉野ヶ里《よしのがり》町の松隈《まつぐま》小水力発電所。建設費《けんせつひ》は約６千万円、年間売電額《ばいでんがく》見こみは約 700 万円です。

◀福岡県糸島《いとしま》市の白糸《しらいと》の滝《たき》小発電所の「ペルトン水車」

（写真提供:株式会社リバー・ヴィレッジ）

▲福岡県糸島《いとしま》市の観光名所、白糸《しらいと》の滝《たき》。滝の付近に２つの小水力発電所がつくられました。

▶上流側の白糸《しらいと》の滝《たき》小発電所では、２基《き》の水車で発電しています。観光施設《しせつ》に電気を供《きょう》給《きゅう》し、残った電気を電力会社に売っています。

災害《さいがい》からの地域再生《ちいきさいせい》にも役立つ

高齢化《こうれいか》や人口の減少《げんしょう》が進む地域《ちいき》で自然災害《さいがい》が発生すると、地域主体の復興《ふっこう》は難《むずか》しいといいます。そんななか、村川さんたちは地域共有の水資源《みずしげん》を活用した小水力発電の導入《どうにゅう》で、地域の人たちが主体となる、持続可能《かのう》な地域づくりができるのではないかと考えています。村川さんたちは、勉強会やワークショップなどで地域の人たちが復興のビジョンを話しあい、考えをまとめていく過程《かてい》をサポートします。水車に安くて軽い３Ｄプリンターを使うことで、自分たちが使う電気をつくる発電所を自分たちの手でつくっていくことができます。その過程が地域主体の地域再生《さいせい》につながります。

子どもたちも小水力発電事業に参画

村川さんたちは、小水力発電の普及《ふきゅう》のための学習会やワークショップにも力を入れています。ワークショップでは親子でプラスチックのスプーンで手づくり水車をつくり、竹でつくった水路で回して発電したり、発電所を見学したりします。

村川さんたちは「地域《ちいき》の子どもたちも参画できる事業主体で小水力発電事業をやってみたい」と、一般社団法人《いっぱんしゃだんほうじん》こども水力発電所を設立《せつりつ》しました。

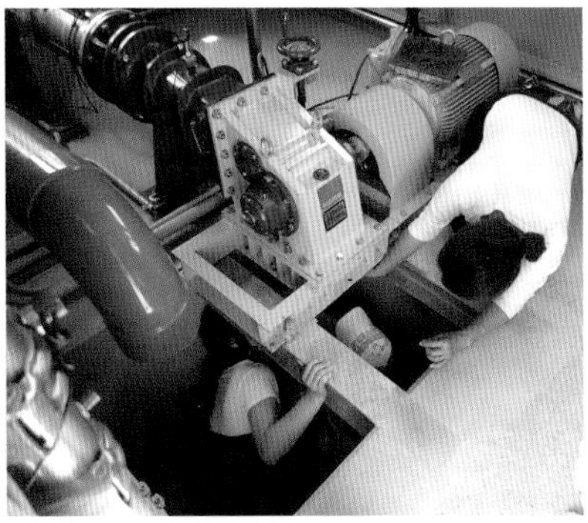

▲▶下流側の小水力発電所は市民も参加してつくられました。子どもたちも、稼働《かどう》前しか見られない水車の内側も見学しました。

手づくり水車で発電するワークショップ参加の子どもたち

水に恵《めぐ》まれた日本で昔から盛《さか》ん! 水力発電の歴史

川や湖に恵《めぐ》まれた日本では、昔から水車を動力に使い、川や水路の流れをせきとめたり、山から水を引いて高低差による落下エネルギーを使ったりなど、小水力発電が盛《さか》んに行われてきました。

1888 年発電開始の三居沢《さんきょざわ》発電所（宮城県）、1891 年発電開始の蹴上《けあげ》発電所（京都府）、どちらも 100 年以上経《へ》た現在《げんざい》でも稼働《かどう》して電力を供給《きょうきゅう》しています。

大規模《だいきぼ》な施設《しせつ》で水をせきとめるダムでの水力発電は 1912 年頃《ごろ》から開始され、その後 1950 年代までは国内発電量の約８割近くが水力発電でした。

技術開発 「やっかいもの」の雪を活用しよう！

——雪でエネルギーと産業を生み出す

本間弘達《ほんまこうた》さんは、雪を資源《しげん》として生かし、調査《ちょうさ》・開発・普及《ふきゅう》させるための会社を北海道美唄《びばい》市で経営《けいえい》しています。美唄市を含《ふく》む北海道空知《そらち》地方は、全国でも有数の豪雪《ごうせつ》地帯です。住民は雪に苦労し、行政《ぎょうせい》は多くの費用《ひよう》を排雪《はいせつ》作業にあてて、雪すて場に雪をすてています。

本間さんは、大手の建設総合《けんせつそうごう》会社で技術者《ぎじゅつしゃ》として雪冷房《ゆきれいぼう》（雪を使った冷房）の仕事にかかわっていたとき、室蘭工業《むろらんこうぎょう》大学の雪冷房研究の第一人者、媚山政良教授《こびやままさよしきょうじゅ》を知りました。実は本間さんもこの大学が母校でしたが、建築《けんちく》学科だったため機械工学に属《ぞく》する雪冷房のことは何も知りませんでした。教授の研究室に通い雪冷房の勉強をするうちに、「やっかいもの」とされている雪の持つ可能性《かのうせい》に心をひかれました。

2011年3月、本間さんは東日本大震災《ひがしにほんだいしんさい》に衝撃《しょうげき》を受け、被災地《ひさいち》で自然の力の大きさや人間のはかなさを知ります。技術者としてできることをしようと考えて会社をやめ、翌年《よくとし》3月11日、教授の名前をつけた「雪屋媚山商店《ゆきやこびやま》」を設立《せつりつ》しました。

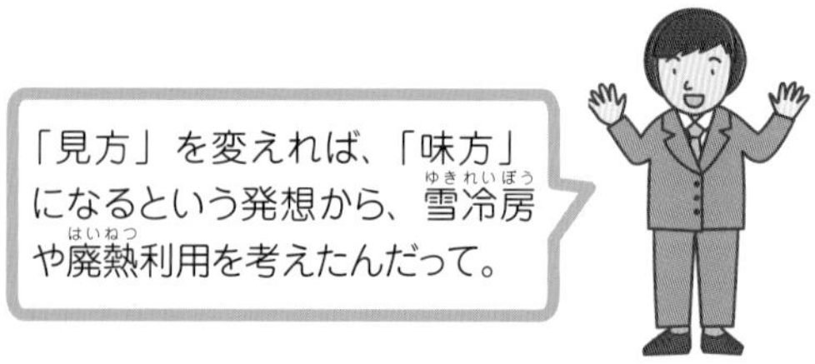

▲サーバーは高熱が出るので１年中冷却《れいきゃく》する必要があります。

▲「ホワイトデータセンター」の内部。サーバーが並《なら》んでいます。

(写真撮影:KickoffPlus)

データセンターを都会から移す

2021年、美唄《びばい》市の空知《そらち》工業団地《だんち》につくられた「ホワイトデータセンター」は、工業団地にすてている雪を利用した雪冷房施設《ゆきれいぼうしせつ》でデータセンターのサーバーを冷却《れいきゃく》するしくみです。本間さんらによる約10年前からの構想《こうそう》が実現《じつげん》しました。

データセンターとは、会社や行政《ぎょうせい》などの記録、人々《ひとびと》が使うパソコンやスマートフォンなどのデータを蓄積《ちくせき》するところです。サーバーは熱に弱く、壊《こわ》れたらデータはなくなってしまうため、常《つね》に冷やしておかなければなりません。サーバー１つを冷却するには電子レンジ５台を24時間365日動かすのと同じぐらいの電気を使います。パソコンやスマホを長時間使うと熱くなるのと同じです。

データセンターの多くは東京都など都会にあり、気温が高く、土地代も電気代も高くつきます。本間さんたちは雪冷房を使ってサーバーを冷やしたらどうかと考えました。美唄市には雪がいやになるほどあり、土地も広く、冬は気温が低くサー

美唄《びばい》ホワイトデータセンターのサイクル

▲雪を除雪《じょせつ》して利用します。

▲雪冷房《ゆきれいぼう》の要《かなめ》になる雪山。断熱材《だんねつざい》をかけておけば、真夏でもとけずに万年雪となってホワイトデータセンターのサーバーを冷やします。

▲食品加工のためのビニールハウス。キクラゲの栽培《さいばい》、サツマイモの乾燥《かんそう》、にんにくの加工、アワビの加工、うなぎの養殖《ようしょく》などが予定されています。

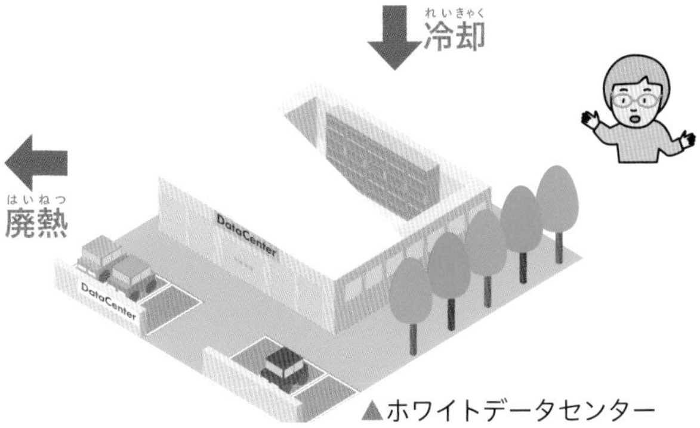

▲ホワイトデータセンター

バーを冷やす必要がありません。試算すると、東京近郊《きんこう》であれば冷却《れいきゃく》コストに年間15億円かかるところ、美唄市でなら５分の１の3億円で行うことができるとわかりました。すてられるだけの雪が、エネルギーと産業を生み出すことになるのです。さらに雪エネルギーは二酸化炭素《にさんかたんそ》（CO_2）を排出《はいしゅつ》しない再生可能《さいせいかのう》エネルギーであり、システムもシンプルなので費用《ひよう》もあまりかかりません。長い間の実証《じっしょう》実験を経《へ》て商用化が可能《かのう》になり、本間さんらは「ホワイトデータセンター」を開始しました。

雪冷房《ゆきれいぼう》の排出熱《はいしゅつねつ》で食品加工にも挑戦《ちょうせん》

「ホワイトデータセンター」のサーバーは年間を通して、雪冷房《ゆきれいぼう》で28度に冷やされます。排出《はいしゅつ》される熱は38度で、その熱を利用して、ビニールハウスで野菜の水耕栽培《すいこうさいばい》などの植物工場、水産物の陸上養殖《ようしょく》のための空調施設《しせつ》、乾燥機《かんそうき》やボイラーを使った食品加工などが行われています。将《しょう》来《らい》は海のない美唄《びばい》市で養殖が本格化《ほんかくか》して漁業協同《きょうどう》組合《くみあい》ができるかもしれません。また、雪すて場からの雪解《ゆきど》け水を使った化粧品《けしょうひん》も開発されています。

年間平均降雪量《へいきんこうせつりょう》842cmの美唄市の「やっかいもの」の雪が、食料の生産に生かされ、雇用《こよう》も生むことを本間さんは目指しています。

ゼロカーボンのまちづくりを

空知《そらち》工業団地《だんち》の敷地《しきち》にバイオマスを使った発電所の建設《けんせつ》計画があります。「ホワイトデータセンター」のサーバーで使う電気も美唄《びばい》市でつくってしまおうというもので、市民や市内事業者からチップ（木材を小さくした小片《しょうへん》）や草木、古紙などの提供《ていきょう》を受けて、稼働《かどう》させていく計画です。

地産地消型《がた》の再生可能《さいせいかのう》エネルギーの発電によって、ゼロカーボンのまちづくりを進めています。

本間さんは、雪を資源《しげん》としてエネルギーや食料の生産に生かすことで、50年後の未来の市民に誇《ほこ》れる環境《かんきょう》づくりを考えています。

企画販売 ジュエリーに職人技《しょくにんわざ》を活《い》かしたい

――伝統《でんとう》工芸の価値《かち》を日常《にちじょう》生活に

「KARAFURU《カラフル》」は、黒田幸《くろだゆき》さんが2011年に立ち上げた日本の伝統的《でんとうてき》な職人《しょくにん》のものづくりの技《わざ》を活《い》かしたジュエリーのブランドです。黒田さんは初めて歌舞伎《かぶき》を見たときに、衣裳《いしょう》や道具のすばらしさに出会いました。それらをつくっている職人さんたちの話から、後継者《こうけいしゃ》不足などで伝統技術《ぎじゅつ》の継承《けいしょう》が厳《きび》しい状況《じょうきょう》にあることを知った黒田さんは「自分ではつくれないけれど伝統工芸の技術を今の生活に活かせないか」と考え、現代《げんだい》に合わせたジュエリーを開発・発売しようと起業しました。

▲「和彫《わぼり》」という技術《ぎじゅつ》は、金づちで鏨《たがね》と呼《よ》ばれる小さな工具を叩《たた》いて手前に彫《ほ》ります。職人《しょくにん》さんは細い指輪に花などを繊細《せんさい》に彫《ほ》っていきます。

感銘《かんめい》を受けた職人《しょくにん》さんたちの技術《ぎじゅつ》

歌舞伎《かぶき》の興行《こうぎょう》会社で働いていた黒田さんは、多くの衣裳《いしょう》や道具をつくる職人《しょくにん》さんに話を聞く機会がありました。そのときに、誇《ほこ》りを持ってものをつくっている職人さんたちの姿《すがた》に感銘《かんめい》を受けたといいます。

けれども、職人さんを訪《たず》ねる先々《さきざき》で「もうこれをつくれる職人はいない」「素材《そざい》がないから、もうつくれない」「後継者《こうけいしゃ》がなかなか見つからない」などの言葉を耳にして、貴重《きちょう》な技術《ぎじゅつ》がなくなってしまう危機感《ききかん》を持ちました。

「長い年月をかけて継承《けいしょう》されてきた技術は宝物《たからもの》」という黒田さん。職人さんたちの技術に対する熱い思いは人一倍です。

(写真提供:KARAFURU)

▲蒔絵《まきえ》をする高畑志寿賀《たかばたけしずか》さん

▼金粉《きんぷん》を蒔《ま》く工程《こうてい》　下絵に金粉をのせることを「蒔く」といいます。

人とのつながり、職人《しょくにん》さんとの出会いから生まれた定番商品

黒田さんは、漆《うるし》の上に金粉《きんぷん》や銀粉《ぎんぷん》で絵をかく「蒔絵《まきえ》」という技術《ぎじゅつ》に注目していましたが、一般《いっぱん》的《てき》な黒や朱色《しゅいろ》と金の組み合わせは、普段《ふだん》使うジュエリーには印象《いんしょう》が強すぎると感じました。そこで、白と金の組み合わせなら素敵《すてき》だと考えて、真珠《しんじゅ》(パール)に蒔絵を施《ほどこ》すことを思いつきます。

真珠には蒔絵がのりにくいという問題がありましたが、京都の漆専門《うるしせんもん》会社・佐藤喜代松《さとうきよまつ》商店の佐藤貴彦《たかひこ》さんが協力してくれました。佐藤さんは、黒田さんのイメージするものをつくれるのではと、蒔絵師《まきえし》の高畑志寿賀《たかばたけしずか》さんを紹介《しょうかい》してくれました。

黒田さんと佐藤さんは絵柄《えがら》や構図《こうず》について何度も相談を重ねて、「ＭＡ《ま》ＫＩ《き》Ｅ《え》パール」を生み出しました。国内だけでなく海外でも人気で、ＫＡ《カ》ＲＡ《ラ》ＦＵ《フ》ＲＵ《ル》の定番商品となっています。

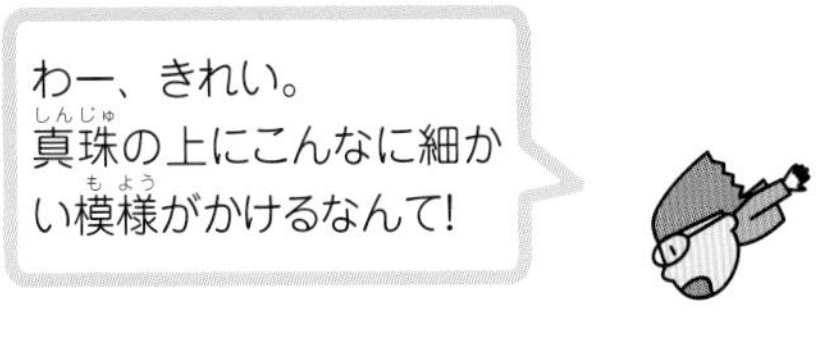

▲ＭＡ《ま》ＫＩ《き》Ｅ《え》パールの指輪（リング）

ＭＡＫＩＥパールの制作工程《せいさくこうてい》は、漆《うるし》を絵柄にあった固さに調整することから始まります。極細《ごくぼそ》の筆で下絵を漆でかき、何度か塗《ぬ》り重《かさ》ね、金粉《きんぷん》を蒔《ま》きます。数週間乾《かわ》かして磨《みが》いて蒔《まき》絵《え》の完成です。

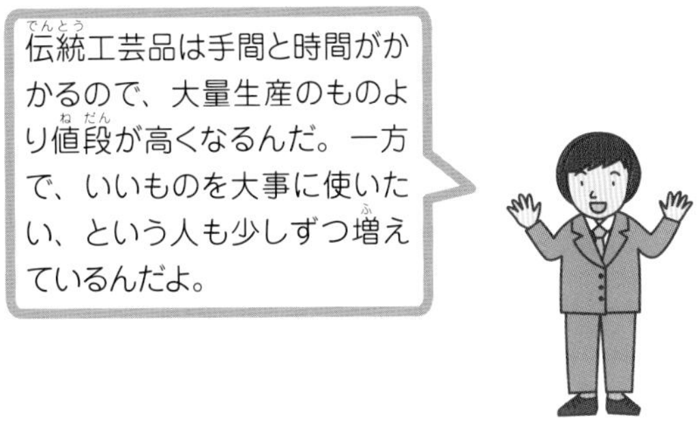

衰退《すいたい》するだけじゃない伝統《でんとう》工芸技術《ぎじゅつ》

伝統《でんとう》工芸品の産地出荷額《しゅっかがく》はピークだった1983年の5,400億円が2015年には約1,000億円と、約５分の１に、従業者《じゅうぎょうしゃ》（職人《しょくにん》さん）は、24万2千人から６万５千人と４分の１に減少《げんしょう》しています（一《いっ》般《ぱん》社団法人《しゃだんほうじん》日本工芸産地協会資料《しりょう》より）。すでに失われたり、継承《けいしょう》の危機《きき》にある技術《ぎじゅつ》もあります。

その一方で、伝承《でんしょう》されてきた技術を活《い》かして今の人が買いたくなるようなものをつくったり、ブランドをつくって成功している例も各地にあります。また、地域《ちいき》文化の中で継承されてきた伝統技《でんとうぎ》術《じゅつ》を活かして地域の活性化《かっせいか》を図《はか》っているところもあります。

サーカス興行 学校の運営資金《うんえいしきん》を卒業生が稼《かせ》ぎ出《だ》す
――内戦の痛手《いたで》が残るカンボジアの人気サーカス団《だん》

(“Same Same But Different” © Susan Baggett)

わー、すごーい! 楽器を演奏《えんそう》する人の姿《すがた》も見えるよ。お客さんもすぐそこにいるね。

▶アンコール・ワット遺跡群《いせきぐん》

カンボジアに人気のサーカス団《だん》があります。世界的に有名なアンコール・ワット遺跡群《いせきぐん》のあるシェムリアップ市で、毎晩《まいばん》オリジナルの演目《えんもく》を上演《じょうえん》する「ファー（クメール語で「灯《あか》り」の意味）」というサーカス団です。団員《だんいん》は「ファー・ポンルー・セルパク(芸術《げいじゅつ》が照らす光)」というNGOが運営《うんえい》する学校で舞台《ぶたい》芸術を学んだ卒業生たちで、運営するのは「ファー・カンボジアン・サーカス」という会社です。長年の内戦の痛《いた》手《で》に苦しむカンボジア社会の中で、ファー・ポンルー・セルパクの卒業生たちに雇用《こよう》と活躍《かつやく》の場を提供《ていきょう》し、同時に学校の経営《けいえい》を安定させるために設立《せつりつ》されました。2013年からサーカスの興行《こうぎょう》をしています。

「ファー・カンボジアン・サーカス」は、「貧困《ひんこん》や困難《こんなん》な環境《かんきょう》で育ったアーティストに豊《ゆた》かな生活をもたらす」ことを目的としているよ。このように、社会的な問題の解決《かいけつ》を目指す企業《きぎょう》を「社会的企業」というんだよ。

迫力《はくりょく》のパフォーマンス

ファーのサーカスは、客席330席のサーカス小屋で行われます。カンボジアの歴史《れきし》や文化、現在《げんざい》の社会などをもとに、音楽、ダンス、演劇《えんげき》、美術《びじゅつ》の要素《ようそ》も取り入れたリズミカルで物語性《ものがたりせい》のあるショーです。クメール語で上演《じょうえん》されますが、だれにでもわかるようになっていて、お客さんは目の前で繰《く》り広《ひろ》げられる迫力《はくりょく》のショーに引きこまれます。驚《おどろ》くような身体能力《のうりょく》を発揮《はっき》する出演者《しゅつえんしゃ》だけでなく、音楽や舞台《ぶたい》美術などもファー・ポンルー・セルパクの卒業生たちが担当《たんとう》しています。

質《しつ》の高さとここでしか体験できないユニークさ、出演者たちとの一体感が人気の秘密《ひみつ》です。

▲芸術性《げいじゅつせい》が高い演目《えんもく》はフランスでも興行《こうぎょう》が行われました
（“White Gold” © Sothea Nem）

▲サーカスの出演者《しゅつえんしゃ》が教えてくれるワークショップも開催《かいさい》されます。
（© Peter Phoeng）

（上）サーカス小屋のまわりには、カフェやブティックがあります。（下）ブティックではファー・ポンルー・セルパクの生徒や卒業生がつくった作品や、カンボジアの工芸品のほか、ファーのオリジナルグッズを販売《はんばい》しています。

始まりは難民《なんみん》キャンプの絵画教室

カンボジア内戦中に起きた大虐殺《だいぎゃくさつ》ののち、人々が避難《ひなん》していた難民《なんみん》キャンプでは、フランス人のボランティア美術教師《きょうし》ベロニク・ドゥクープさんから、セラピー（心身に受けた傷《きず》をいやす治療《ちりょう》プログラム）の一つとして絵を習っていた子どもたちがいました。

熱心な生徒だったクオン・デットさんたち9人の若者《わかもの》は、難民キャンプ閉鎖《へいさ》後、今度は自分たちが地域《ちいき》の貧《まず》しい子どもたちに絵を教えようと考え、1994年にベロニクさんとともに無料の学校を始めました。ファー・ポンルー・セルパクの誕生《たんじょう》です。その後、絵画だけでなく、音楽、ダンス、演劇《えんげき》、サーカスなども教えるようになりました。

学校はNGOとして運営《うんえい》していますが、NGOとは別に株式会社《かぶしきがいしゃ》をつくって今度はサーカスの興行《こうぎょう》を始めました。サーカスの収益《しゅうえき》は、株式《かぶしき》の配当金としてNGOに供給《きょうきゅう》されるしくみです。2030年までに学校運営資金《しきん》の80～100％をサーカスの収益で賄《まかな》うことを目指しています。

カンボジア内戦と大虐殺《だいぎゃくさつ》

19 世紀末にフランスの植民地となったカンボジアは、1953 年に独立《どくりつ》を果たしますが、1970 年に内戦が始まります。内戦中のポル・ポト政権《せいけん》時代（1975 年４月～ 1979 年１月）には、急進的な共産主義革命《きょうさんしゅぎかくめい》思想によって、知識人《ちしきじん》、教師《きょうし》、伝統文化継承者《でんとうぶんかけいしょうしゃ》などが殺害《さつがい》され、都市の人々は農村で集団《しゅうだん》生活と強制《きょうせい》労働を強《し》いられました。飢餓《きが》や重労働で死亡《しぼう》した人も含《ふく》めて、犠牲者《ぎせいしゃ》は 200 万人以上（当時の人口の４人に１人）に上ったと考えられています。カンボジア大虐殺《だいぎゃくさつ》とも呼《よ》ばれています。

その後も内戦状態《じょうたい》がつづきましたが、91 年にパリで和平協定が調印され、20 年にわたる内戦がようやく終わりました。

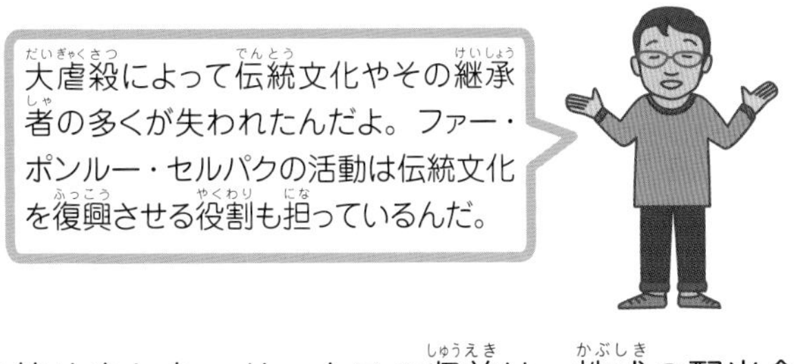

技術開発 離《はな》れていてもロボットがつなげてくれる
──可能性《かのうせい》を広げる分身ロボットをつくる

吉藤《よしふじ》オリィさんは、小学校から中学校にかけての３年半、不登校になり、自分がだれからも必要とされていない孤独《こどく》を感じたといいます。その後の高校、大学では、孤独の問題を解決《かいけつ》するツールとして「もう一つの身体」である分身ロボットの研究・開発を進めてきました。

2012年には開発した分身ロボットを多くの人に使ってもらうため、株式会社《かぶしきがいしゃ》オリィ研究所をつくりました。商品として誕生《たんじょう》した分身コミュニケーションロボット「OriHime《オリヒメ》」は、障《しょう》がいや病気をかかえた人だけでなく、オフィスで働く人の分身として幅《はば》広《ひろ》く活躍《かつやく》しています。オリィ研究所の分身ロボットは、人々《ひとびと》の社会参加を妨《さまた》げている課題を克服《こくふく》するためのツールとなることを第一に考えてつくられています。

開発のテーマは孤独《こどく》からの脱出《だっしゅつ》

2010年頃《ごろ》からAI（人工知能《ちのう》）を活用したロボットは注目されていましたが、吉藤《よしふじ》さんが開発するうえで目指したのは一般的《いっぱんてき》に考えられていたような「AIが人を癒《いや》す未来」ではありませんでした。

AIロボットを通して親しい人とつながり、孤《こ》独《どく》から解放《かいほう》される未来を創《つく》りたいと思っていたのです。これが分身ロボット開発の始まりでした。

製品《せいひん》として第１号のOriHime《オリヒメ》は、「離《はな》れていても入院していても、家族や友人らと日常《にちじょう》生活を共にできる人と人をつなぐ装置《そうち》」と考えてつくられています。

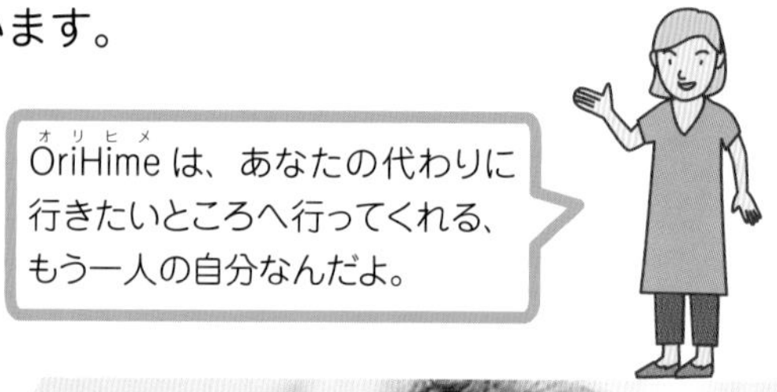

▲離《はな》れて住んでいる祖母《そぼ》と孫が分身ロボットを使って交流できます。

（写真提供:株式会社オリィ研究所）

まるでその場に一緒《いっしょ》にいるみたい

OriHime《オリヒメ》には、カメラ・マイク・スピーカーが備《そな》え付《つ》けられています。これらの装置《そうち》はすべてインターネットを通して遠隔操作《えんかくそうさ》できるようになっています。遠く離《はな》れた場所にいる人とでも、まるで一緒《いっしょ》にいるかのようにコミュニケーションを取り合うことができるようになりました。

たとえば入院や身体障《しょう》がいなどで学校に通うことができない場合でも、友だちといっしょに授業《じゅぎょう》を受けられます。また、育児や介護《かいご》などで外出することが難《むずか》しい人であっても、分身テレワークによって働くことも可能《かのう》です。寝《ね》たきり状態《じょうたい》の人が遠隔操作によって移動《いどう》することなく対話したり、社会の中で活動できるのです。

また、遠隔操作で接客《せっきゃく》やものを運ぶなど、身体労働をともなう分身テレワークを可能《かのう》にする「OriHime《オリヒメ》-D《ディー》」も誕生《たんじょう》しました。

このように人々《ひとびと》の可能性《かのうせい》を大きく広げる分身ロボットは、今後の社会ではますます活躍《かつやく》することが期待されます。

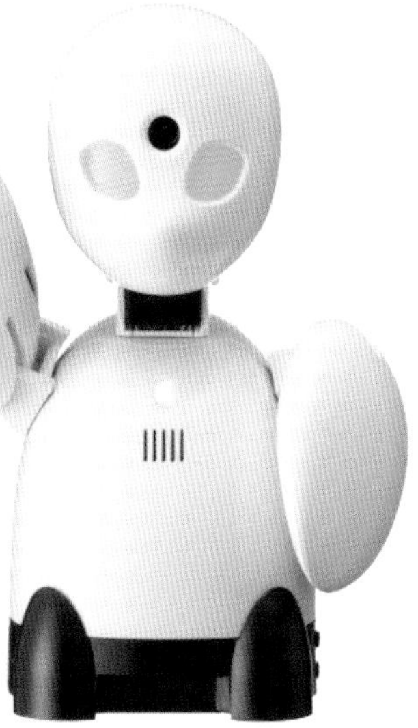

▲「OriHime《オリヒメ》」は遠隔操作《えんかくそうさ》でありながらも、時間と場所を共有できる分身ロボット。

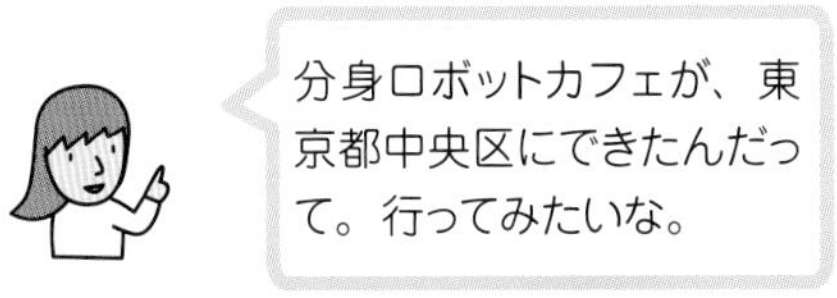

▲「OriHime《オリヒメ》-D《ディー》」は、遠隔《えんかく》で接客《せっきゃく》やものを運ぶなど、身体《からだ》を使う業務《ぎょうむ》を可能《かのう》にする、全長約 120cm の分身ロボットです。

目の動きによる入力装置《そうち》も開発

OriHime《オリヒメ》に続いて商品化されたのが「OriHime《オリヒメ》 eye《アイ》 +《プラス》 Switch《スイッチ》」です。目の動きによって文字盤《もじばん》を指示《しじ》するだけで、パソコン操作《そうさ》をスムーズに行うことができます。目や指先しか動かせないような重度の難病患者《なんびょうかんじゃ》や身体障《しょう》がい者のための意思伝達装置《そうち》です。OriHimeの操作もできるようになっています。

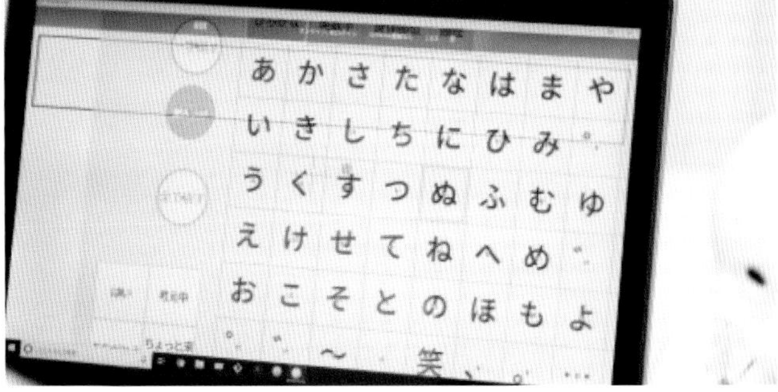

▲「OriHime《オリヒメ》 eye《アイ》 +《プラス》 Switch《スイッチ》」は ALS 患者《かんじゃ》さんなどの難病《なんびょう》の方々《かたがた》と協力して開発されました。視線入力装置《しせんにゅうりょくそうち》によって文字盤《もじばん》を使って文字を入力し、読み上げることができます。

＊ ALS とは筋萎縮性側索硬化症《きんいしゅくせいそくさくこうかしょう》の略《りゃく》で、手足・のど・舌《した》の筋《きん》肉《にく》や呼吸《こきゅう》に必要な筋肉がだんだんやせて力がなくなっていく病気です。

技術開発 義足《ぎそく》で自由に歩ける喜《よろこ》びを届《とど》ける

——ロボット技術《ぎじゅつ》で「パワード義足」を開発

◀雨の日に傘《かさ》をさして歩き、大学の食堂《しょくどう》で自分の手でトレーを持てた喜《よろこ》びは、今でも忘《わす》れないそうです。

義足《ぎそく》は、事故《じこ》や病気で脚《あし》を切断《せつだん》した人に装着《そうちゃく》することで、脚の代わりの役割《やくわり》を果たすものです。

BionicM株式会社《バイオニックエムかぶしきがいしゃ》を設立《せつりつ》して社長を務《つと》める孫小軍《そんしょうぐん》さんは中国の出身で、９歳《さい》のときに病気が原因《げんいん》で右脚《みぎあし》のひざから下を切断しました。その後、勉学に励《はげ》んで留学生《りゅうがくせい》として来日し、大学院生のときに初めて義足を装着したそうです。それまでは松葉づえを持つことでふさがっていた両手を自由にして歩けることの感動をもとに、ロボット義足の研究を始め、ロボット義足をつくることを事業化するために起業したのです。

今までの義足《ぎそく》は機能《きのう》不足

皆《みな》さんはふだん、義足《ぎそく》を見る機会は多くないかもしれません。でも、パラリンピックで選手が義足を装着《そうちゃく》して競技《きょうぎ》に参加しているのを見たことがあるかと思います。種目や選手各自の体格《たいかく》によって義足に違《ちが》いがあることに気づいたでしょうか。そのように、義足は人それぞれの身体の機能《きのう》や能力《のうりょく》・年齢《ねんれい》・活動量や生活スタイルに合わせて、最適《さいてき》なものが選ばれます。義足の開発は、昔からずっといろいろな形で進化を続けてきました。

孫《そん》さんは、自分自身が義足を付けた経験《けいけん》をふまえ、「もっとスマートに移動《いどう》できるためには何が必要なのか」を考えるようになったそうです。義足ユーザーの生活を大きく向上させたいという気持ちが高まり、二足歩行ロボット技術《ぎじゅつ》を応用《おうよう》しながら、より良い義足の開発に力を注いだのです。

▲パワード義足《ぎそく》のひざ部分は動力によって、①万一つまずいた時にも体重を支《ささ》えて姿勢《しせい》を立て直す、②ゆっくり歩いても細かな歩幅《ほはば》で歩いても美しい歩き方ができる、②難《むずか》しかった階段《かいだん》の上り下りや、いすからの立ち上がりでもサポート、といった特長を備《そな》えています。

（写真提供:BionicM株式会社）

もっと自然に動ける義足《ぎそく》をつくりたい

技術《ぎじゅつ》をフルに活用し応用《おうよう》した結果、誕生《たんじょう》した製品《せいひん》が「パワード義足《ぎそく》」です。ひざ部分の曲がりや戻《もど》りの動き、足部分の安定性《あんていせい》や動作コントロールが非常に自然に近く、スムーズなのが最大の特長です。脚《あし》が不自由な人や高齢者《こうれいしゃ》を含《ふく》むすべての人たちに義足の開発と提供《ていきょう》を通じて、自由に動ける喜《よろこ》びを届《とど》けること。BionicM《バイオニックエム》はその思いを追求しています。

技術開発 車いすを革新的《かくしんてき》な乗り物に！

——デザインと技術《ぎじゅつ》で障壁《しょうへき》をこえる

車いすは、脚《あし》の不自由な人や高齢者《こうれいしゃ》、病気療養《りょうよう》中の人などが移動《いどう》するときに必要な大切な用具です。最近では電動車いすが多く利用されています。

自動車会社のデザイナーだった杉江理《すぎえさとし》さんは、2012年、仲間と一緒《いっしょ》にWHILL《ウィル》株式会社《かぶしきがいしゃ》を設立《せつりつ》して、だれもが乗りたくなるような、新しい発想の電動車いすを開発しました。そして、最新の技術《ぎじゅつ》を生かして独自《どくじ》の「自動運転モビリティサービス」を開発、日本の空港で実用化（空港における一人用乗り物として世界初）したほか、海外でも実用化に向けた実証《じっしょう》実験をしています。

＊モビリティ（mobility）とは、「動きやすさ、移動性《いどうせい》」で、乗り物という意味にも使われます。

WHILL《ウィル》では、「すべての人の移動《いどう》を楽しくスマートにする」ことを、果たすべき使命としているんだって。

◀10個《こ》の小さなタイヤで1つのタイヤを形成する前輪は、どの方向にも進むことができます。

きっかけは利用者の声

杉江《すぎえ》さんは、ある車いす利用者から「100m先のコンビニに行くのをあきらめる」という言葉を聞いたことから、だれもが気軽に乗って出かけたくなる新しい「モビリティ」をつくろうと思ったそうです。

車いす利用者は段差《だんさ》などの物理的な障壁《しょうへき》だけでなく、「助けが必要な人」として見られる心理的なプレッシャーに悩《なや》んでいるといいます。そのことを知った杉江さんは、そうしたハードルも乗りこえられる乗り物をつくろうと決意したのです。

そうしてできた車いすは、高いデザイン性《せい》と、横方向にも動ける大きな前輪が特徴《とくちょう》です。

5センチの段差《だんさ》もクリアできるし、その場で回転できるからコンパクトに向きを変えることができるんだよ。

（写真提供:WHILL株式会社）

空港や病院などでの移動《いどう》を快適《かいてき》に

杉江《すぎえ》さんたちは、電動車いすに通信機能《きのう》を持たせ、人や物にぶつからない衝突回避《しょうとつかいひ》機能や、人の手に頼《たよ》らないで自動走行できる便利さを備《そな》えた「WHILL《ウィル》自動運転システム」を開発し、羽田空港で実用化されました。空港や病院などの広い場所での移動《いどう》の負担《ふたん》をへらし、快適《かいてき》にすることが考えられています。

▲WHILL《ウィル》自動運転システムは、羽田空港で実用化されています。

技術開発 妊婦《にんぷ》さんの安全を技術《ぎじゅつ》で支《ささ》えたい

──赤ちゃんの様子がわかる機器の開発・販売《はんばい》

現在《げんざい》、日本では出生数の減少《げんしょう》などから、出産のできる医《い》療《りょう》機関の数が減《へ》っています。地域《ちいき》によっては、妊婦《にんぷ》さんが健診《けんしん》に遠くの病院まで通わなければいけなかったり、体調の急な変化や出産のときにすぐに病院に行けないという心配があります。

尾形優子《おがたゆうこ》さんは、「すべての妊婦さんが安心して安全に出産に臨《のぞ》めるようにしたい」と、2015年に起業、お腹《なか》の中の赤ちゃんの健康状態《じょうたい》を遠隔《えんかく》でモニター（監視《かんし》）できる機器とITシステム「Melody i《メロディアイ》」を開発しました。これによって、今までは病院でしか確認《かくにん》できなかった赤ちゃんの状態を、家に居《い》ながらかかりつけの医師《いし》に送信できるようになりました。

病院で計測《けいそく》していたデータを自宅《じたく》で

妊娠《にんしん》期間（40週）のうち、妊娠22週以降《いこう》から赤ちゃん出生後７日までを「周産期」と言います。お母さんや胎児《たいじ》、生まれたばかりの赤ちゃんの命にかかわる事態《じたい》が急に起こる可能性《かのうせい》が高くなる期間です。

出産前の母子の健康状態《じょうたい》は、病院に設置《せっち》された「分娩監視装置《ぶんべんかんしそうち》」で、赤ちゃんの心拍数《しんぱくすう》とお母さんの子宮の収縮《しゅうしゅく》状態を計測《けいそく》して把握《はあく》します。そのため、病院に行く必要があり、産婦人科《さんふじんか》病院がない自治体などでは、妊婦《にんぷ》さんが１時間以上かけて遠くの病院まで通う必要があるところもあります。

また、2010年代後半からは、リスクが高いとされる35歳《さい》以上で初めて出産する「高齢初産《こうれいしょさん》婦《ぷ》」の割合《わりあい》が30％近くにのぼっています。

このようなことから、尾形《おがた》さんは、妊婦さんの負担《ふたん》を減《へ》らして、周産期をより安全に過《す》ごせるように、遠隔《えんかく》で母子の健康状態をモニターできるようにすることを考えたそうです。

妊婦さんに使ってもらう機器の形についても、何回もユーザーにモニターして、かわいいハート形に決まったそうです。

▲「Melody i《メロディアイ》」の小型《こがた》の分娩監視装置《ぶんべんかんしそうち》は、妊婦《にんぷ》さんのお腹《なか》に、２つの機器をベルトで固定して、胎児《たいじ》の心拍《しんぱく》数と子宮の収縮《しゅうしゅく》の状態《じょうたい》を測《はか》ってデータ化します。

（写真提供:メロディ・インターナショナル株式会社）

通信システムで遠隔医療《えんかくいりょう》を実現《じつげん》

「Melody《メロディ》 i《アイ》」では、小型《こがた》の機器で測定《そくてい》したデータが無線でスマートフォンやタブレットに送られます。リアルタイムで送られたデータは、インターネットを経由《けいゆ》して離《はな》れた場所にいる医師《いし》がスマートフォンやパソコンで確認《かくにん》できます。

このように計測《けいそく》機器と、それと連携《れんけい》したプラットフォーム（環境《かんきょう》）の通信システムを同時に開発したことで、周産期の遠隔医療《えんかくいりょう》が可能《かのう》になりました。

医師が妊婦《にんぷ》さんと胎児《たいじ》の様子をリアルタイムで把握《はあく》できるので、通院や入院の必要があるかどうかを判断《はんだん》したり、出産のタイミングも把握できるようになり、必要な対応《たいおう》がより早くとれるようになりました。

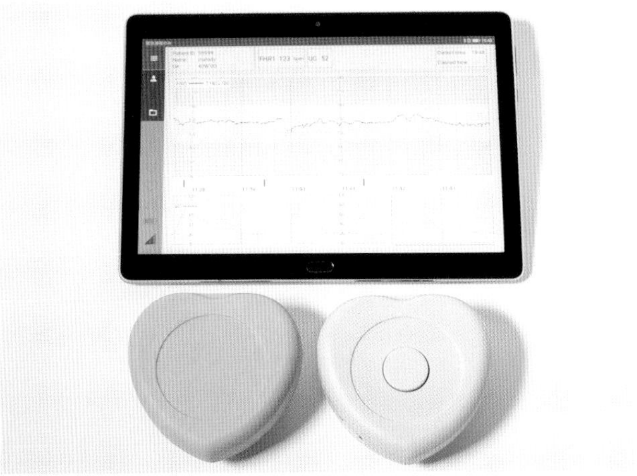

世界でもより安全なお産のために

発展途上国《はってんとじょうこく》などで、妊婦《にんぷ》さんと胎児《たいじ》の健康状態《じょうたい》を測《はか》る分娩監視装置《ぶんべんかんしそうち》が普及《ふきゅう》していない国では、周産期の妊婦さんの死亡率《しぼうりつ》が高いのが現実《げんじつ》です。

尾形《おがた》さんたちは香川大学と協力して、JICA（独立行政法人国際協力機構《どくりつぎょうせいほうじんこくさいきょうりょくきこう》）の支援《しえん》を受けて共同の事業として、タイのチェンマイ地区すべての公共病院に、「Melody《メロディ》 i《アイ》」を生かした遠隔妊婦《えんかくにんぷ》健診《けんしん》システムを導入《どうにゅう》する事業を行っています。

南アフリカ共和国では、妊産婦遠隔医療《にんさんぷえんかくいりょう》プラットフォームの開発に向けて、母子死亡率低減《ていげん》のための調査《ちょうさ》事業と、遠隔胎児モニタリングのテストを実施《じっし》しました。また、ブータンの産婦人科医《さんふじんかい》がいない病院や山間部の診療所《しんりょうじょ》でも「Melody i」が使用されています。

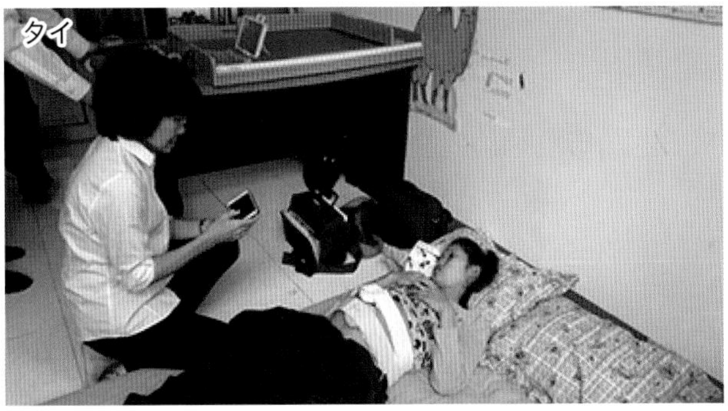

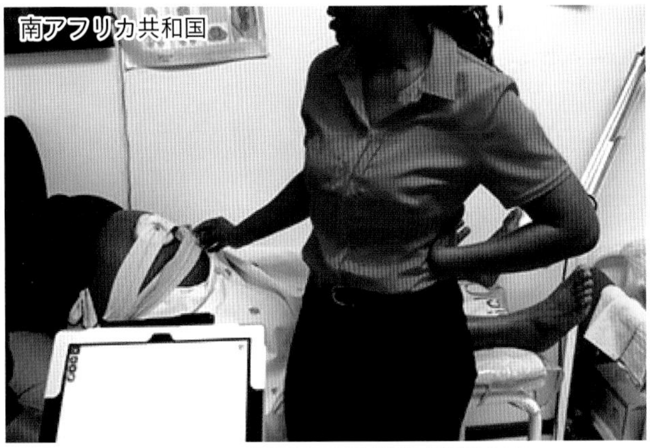

女性《じょせい》差別をはねのけて突《つ》き進《すす》む

湯浅年子《ゆあさとしこ》が東京女子高等師範学校《じょしこうとうしはんがっこう》（いまのお茶の水女子大学）から東京文理科大学（いまの筑波《つくば》大学）に入学した1931年4月、女子が入学できる大学は国内に5校しかありませんでした。科学研究の世界に女性《じょせい》は必要ないとされた時代で、女性の理学博士《はくし》は保井《やすい》コノ（生物学）と黒田チカ（化学）のわずか2人だけでした。

年子は大学の学部を卒業して研究室に進みますが、そこは女性が男性と肩《かた》を並《なら》べて研究のできる場所ではなかったといいます。年子がフランスにむかった理由のひとつは、女性が差別される日本の古い体質《たいしつ》にもあったようです。年子は、1943年にフランスで理学博士の学位をとりました。

日本に里帰りすることの少なかった年子ですが、つねに日本の科学の進歩には気を配ってい

ました。国際《こくさい》会議で帰国したときには、時間をさいて多くの大学で講演会《こうえんかい》や特別講義《こうぎ》を行っています。さらに、海外の研究を経験《けいけん》させるために日本の若手《わかて》研究者をフランスに留学《りゅうがく》させて世話をしました。年子は亡《な》くなったとき、日仏《にちふつ》共同研究の準備《じゅんび》と実施《じっし》に追われていました。このプロジェクトは年子の死の翌年《よくとし》、オルセー原子《げんし》核《かく》研究所で開始されました。

（写真:お茶の水女子大学所蔵）

▶オルセー原子核《げんしかく》研究所の研究室でくつろぐ湯浅年子《ゆあさとしこ》さん（1978年）

人材活用 パソコン再生《さいせい》で環境《かんきょう》と難民《なんみん》を守る

——難民が安心して働ける居場所《いばしょ》を起業

小さいころから祖父母《そふぼ》の戦争体験を聞いて、戦争はイヤだと思っていた青山明弘《あおやまあきひろ》さん。戦争のない世界にしたいという想《おも》いから、2017年にピープルポート株式会社《かぶしきがいしゃ》を設立《せつりつ》しました。つくっているのは再生《さいせい》パソコンです。

日本にも中東やアフリカから、紛争《ふんそう》や迫害《はくがい》から逃《のが》れてきた「難《なん》民《みん》」と呼《よ》ばれる人たちがいます。けれども、日本での彼《かれ》らの生活も困難《こんなん》が多いのが現状《げんじょう》です。そこで青山さんは、彼らが「安心して働ける居場所《いばしょ》をつくろう」と考えました。パソコンなら品番などが英語で書かれていることが多く、日本語《にほんご》ができなくても整備《せいび》ができることから、パソコン再生の事業を立ち上げたのです。

現在《げんざい》、日本人と外国から逃れてきた「難民」という立場《たちば》のスタッフが一緒《いっしょ》に働いています。

難民《なんみん》の人が安心して働ける会社に

青山さんの会社ピープルポートでは、難民《なんみん》の人が働きがいを感じて仕事をできるように、彼《かれ》らにとって会社が日本社会とのつながりを持つ場となるように、日々取り組んでいます。

もちろん、給与《きゅうよ》や社会保障《ほしょう》（健康保険《ほけん》や雇用《こよう》保険など）など働くうえでの条件は、難民の人も日本人も区別がありません。また、彼らが日本になじめるように、毎日無料の日本語教室を開いたり、病院に行くときや家の契約《けいやく》で困《こま》ったときにサポートしたりもしています。

ピープルポートでは、「難民」と呼《よ》ばれる人たちが遠い存在《そんざい》ではないこと、一人一人の素敵《すてき》な人《ひと》柄《がら》を知ってほしいこと、彼らが誇《ほこ》りを持って働いている姿《すがた》を見てほしいことから、一般《いっぱん》の人が参加できる工場見学も実施《じっし》しています。

▲「CHOICE! ZERO WASTE AWARD 2021」で、ZERO PCが認定製品《にんていせいひん》に選ばれてよろこぶスタッフ。

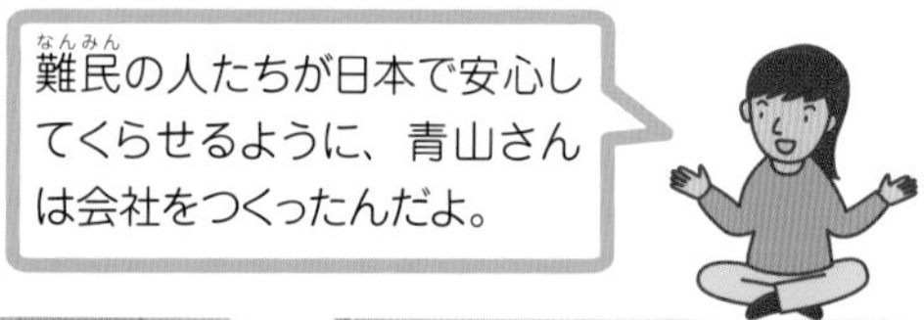

（写真提供:ピープルポート株式会社）

難民《なんみん》に厳《きび》しい日本

コロナ禍《か》以前は年に１万人以上の人が、なんらかの事情《じじょう》で日本に避難《ひなん》してきて難民申請《なんみんしんせい》しています。けれども、日本での難民認定《にんてい》は何年もかかるうえに、難民認定されるのは年に数十人にとどまります。

故郷《こきょう》から逃《のが》れてきた彼《かれ》らの多くは日本語が話せません。そのため、就労《しゅうろう》の許可《きょか》を得《え》た場合《ばあい》でも多くの人が安定した職業《しょくぎょう》に着けず、経済《けいざい》的に厳《きび》しく、将来《しょうらい》の見通せない生活を強《し》いられています。

環境負荷《かんきょうふか》ゼロのパソコンを

日本ではパソコンは数年で買《か》い替《か》えられ、毎年多くのパソコンが廃棄《はいき》されています。

ピープルポートが再生《さいせい》させるパソコンは、環境《かんきょう》への負荷《ふか》ゼロを目指しています。分解《ぶんかい》したパソコンの部品は、使えるものはリユースし、使えないものはリサイクルして廃棄はゼロ。発送もプラスチック梱包材《こんぽうざい》が不要な段《だん》ボールを使います。

新品のパソコンをつくるのに排出《はいしゅつ》される二酸化《にさんか》炭素《たんそ》（CO_2）の量は300kgです。ピープルポートのパソコン「ZERO PC」は、20kg未満のCO_2の排出でつくられています。工場では100％自然エネルギーを使用しているので、さらにCO_2の排出が削減《さくげん》されています。

パソコンを回収《かいしゅう》して子どもたちを支援《しえん》

青山さんたちは、使用済《しようず》みパソコンなどの電子機器を回収《かいしゅう》して、日本国内の子どもたちを支援《しえん》するしくみも始めました。企業《きぎょう》から無料で回収した機器の種類に応《おう》じた金額《きんがく》を、貧困《ひんこん》、虐待《ぎゃくたい》などで「教育機会」や「居場所《いばしょ》」を失っている子どもたちを支援している団体《だんたい》に寄付《きふ》します。

電子機器のリユース、リサイクルによって収益《しゅうえき》を上げられるのでできるしくみです。

パソコンに使われているレアメタルは、アフリカなどの産出国で武力紛争《ぶりょくふんそう》の資金《しきん》になっているんだよ。青山さんは、希少《きしょう》な資源《しげん》を循環《じゅんかん》させることで、少しでも紛争をなくしたいとも思っているそうなんだ。

再生《さいせい》パソコンができるまで

▲回収《かいしゅう》した中古のパソコンを解体《かいたい》、まだ使える部品と新品のパソコンの心臓《しんぞう》部分を組み立てて再生《さいせい》パソコンができあがります。

体の不自由な子どもたちのおかあちゃんに

宮城《みやぎ》まり子（本名、本目真理子《ほんめまりこ》）は、1950年代後半から60年代前半、毎年のように紅白《こうはく》歌合戦に出場しています。しかし華《はな》やかな歌手というよりは、庶民的《しょみんてき》なところが人気の歌手でした。1955年に大ヒットした「ガード下の靴《くつ》みがき」も、戦争で親を失った戦災孤児《せんさいこじ》の哀《かな》しみをうたった歌でした。まり子は舞台《ぶたい》やミュージカルでも活《かつ》躍《やく》し、テレビでも人気者となりました。

敗戦から復興《ふっこう》し経済的《けいざいてき》に豊《ゆた》かになりつつある時代、まり子は華やかな芸能界《げいのうかい》にありながら、取り残されてしまう人たちに目を向けていました。その優《やさ》しさは、父と母によって育《はぐく》まれました。長崎県にいた幼《おさな》い日、父に命じられて原爆《げんばく》から逃《のが》れてきた被災者《ひさいしゃ》たちに飲み水を配った体験でした。早くに亡《な》くなった母親からは、「やさしいことは強いのよ」と教えられました。この言葉は、まり

子の一生の心の支《ささ》えでした。

まり子は、義務《ぎむ》教育から取り残されている体の不自由な子どもたちの存在《そんざい》を知ると、私財《しざい》を投じて養護施設《ようごしせつ》をつくりました。専門家《せんもんか》でないまり子が障《しょう》がい者福祉《ふくし》にたずさわることを非難《ひなん》する声もありましたが、最後まで他人に任《まか》せることなく、園長として校長として子どもたちに寄《よ》りそい続け、子どもたちから「おかあちゃん」と慕《した》われました。

▶若き日の宮城《みやぎ》まり子さん（1955年ころ）

異文化教育 “違《ちが》い”を愛する社会をつくろう
——異文化《いぶんか》が交わる教育で偏見《へんけん》から抜《ぬ》け出《だ》して対話する

岩澤直美《いわざわなおみ》さんは、株式会社《かぶしきがいしゃ》Culmony《カルモニー》の代表です。子どもたちを対象《たいしょう》に、異文化間《いぶんかかん》で交流する力をつけるプログラムを行っています。異《こと》なる文化を持つ人たちとの交流と相互《そうご》理解《りかい》を深められるイベントを開催《かいさい》したり、学校で授業《じゅぎょう》を行ったりしています。高校や大学で講演《こうえん》やワークショップをしたり、企業《きぎょう》や自治体などに向けた助言もしています。

岩澤さんはお母さんがチェコ人、お父さんが日本人で、日本、ハンガリー、ドイツで育ちました。小さいころから「ハーフだから英語ができる」「ハーフだからきれい」などの偏見《へんけん》による言葉に苦しんだ経験《けいけん》や、ドイツの中学校でさまざまなルーツをもつ友だちに出会った経験などから、異文化間の教育を広めたいと考えたそうです。

Culmony《カルモニー》とはCulture《カルチャー》（文化）とHarmony《ハーモニー》（調和）をかけ合わせた造語《ぞうご》で、「色々《いろいろ》な文化が調和する、尊重《そんちょう》する社会にしたい」という気持ちがこめられているんだよ。

“違《ちが》う”ことを豊《ゆた》かと感じるように

Culmony《カルモニー》のプログラムでは異文化間《いぶんかかん》の対話を大事にしています。始めは「好きな映画《えいが》」や「何をしているときがいちばん幸せか」などを小さなグループで話し合います。すると、「なにじん」とか関係なく、「この人はこういう人なんだ」というふうに、国や人種による偏見《へんけん》から抜《ぬ》け出《だ》して、個人《こじん》対個人として話せるようになるといいます。

岩澤《いわざわ》さんは、子どもたちが心から「自分とは違《ちが》う人たちがたくさんいて、そのような社会は豊《ゆた》かでいいな」と感じるような教育を目指しています。

（写真提供:株式会社Culmony）

▲「英語で楽しく世界めぐり」は、ゲストの文化である食事や音楽や遊びなどを実際《じっさい》に体験しながら、世界の“違《ちが》い”の魅力《みりょく》を感じられるプログラムです。（上）この日はゲストと台湾《たいわん》の人形劇《にんぎょうげき》を楽しみました。（下）ゲストに教えてもらってインドの踊《おど》りを体験。

▲公立小学校で行われた世界めぐり体験には、1年生から6年生の約100名の生徒が参加。世界の多様性《たようせい》を学ぶ○×クイズや異文化《いぶんか》のゲームやダンスを体験しました。

書店経営 本は読まれたがっている！

——１万円であなたが読みたい本を選書します

▲「一万円選書」の荷物を持つ岩田さん。うしろの棚《たな》には、今までに選ばれた本が並《なら》んでいます。一万円選書の利用者は、現在《げんざい》1万1千人におよんでいます。

読者の人生から本を選ぶ

岩田さんは、一万円選書の利用者に、まず最近読んだ本と評価《ひょうか》などの「カルテ」を書いてもらいます。それには「何歳《なんさい》のときの自分が好き？」「上手に歳《とし》をとることができると思いますか？」「これだけはしないと決めていることは何？」などいくつかの質問《しつもん》もあります。それをもとに注文者の心によりそった本を選び、手紙をそえて送っています。12、3冊《さつ》選んで送りますが、これだと考えて選んだ本以外にもいい反応《はんのう》があった場合、「ああ、その本は読まれたがってるんだなあ」と思うそうです。

まちの小さな本屋だからできること

出版社《しゅっぱんしゃ》が本をつくり、取次店《とりつぎてん》がそれを買い取り、全国の書店に本が並《なら》びます。全国にまんべんなく本が流通するのはいいことですが、それは取次店が売れそうな本ばかりを選び、書店に配本されることにもつながっています。店舗《てんぽ》の小さい地方の書店は、都会の大型店のうわずみだけが並ぶことになります。中高生のころの岩田さんも、お父さんが経営《けいえい》していた当時のいわた書店に自分が読みたいSFや推理《すいり》小説が配本されないことを残念に

「一万円選書」は、注文した一人一人に合わせて１万円分の本を選んで送ってくれるサービスです。北海道砂川《すながわ》市にある「いわた書店」の岩田徹《いわたとおる》さんが、2007年から始めています。きっかけは、高校の同窓会《どうそうかい》。書店業界や経営《けいえい》のきびしい状況《じょうきょう》を話す岩田さんに対して、先輩《せんぱい》が「面白《おもしろ》そうな本を選んで送ってくれよ」と１万円札を渡《わた》しました。店にもどり、先輩に送る本を選びながら、「送った本がつまらなかったらどうしようか。面白くない本を並《なら》べている本屋じゃないかと思われるかな」と悩《なや》みました。その一方で「小さい店だから、面白い本を並べればいいんだ。お客にあった本を選べばいいんだ」とも思いました。

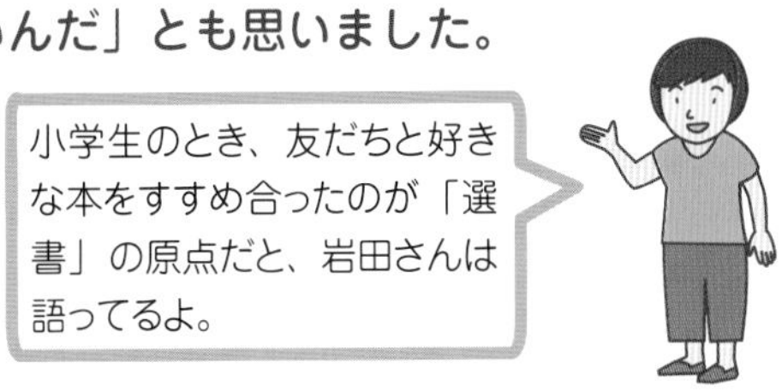

▼砂川《すながわ》駅から歩いて5分ほどのいわた書店。

思っていたそうです。

小さな書店はなくなり、書店は未来がない仕事だと思われるかもしれません。これに対して、岩田さんは、「小さいまちの、小さい本屋だからこそ、一人一人のお客が読みたそうな本を」と考えています。読んだ本の感想を言い合ったり、地元地域《ちいき》に宅配《たくはい》したり、お客と１対１のコミュニケーションをとりながら書店を続けています。

いわた書店の棚《たな》ぞろえを見に、全国の書店員が見学に来るそうです。韓国《かんこく》から来たこともあるそうです。岩田さんは、全国にいわた書店のような本屋が増《ふ》えていけば、日本の出版事情《じじょう》も変わるのではないかと考えています。

（写真撮影:KickoffPlus）

企画販売 放置竹林《ほうちちくりん》問題にメンマで挑《いど》む
──ピリ辛《から》メンマで地域《ちいき》の山林と農業を救《すく》う

宮崎県延岡《のべおか》市生まれの江原太郎《えばらたろう》さんは、大学で農業を学んだのち、農業関係の会社に入って東京などで仕事をしていました。農業に関する企業《きぎょう》を立ち上げたいと考え、2019年に地元にもどりました。

地元では、手入れされない竹林がまわりの森林を侵食《しんしょく》していく「放置竹林《ほうちちくりん》」の問題があることを知り、衝撃《しょうげき》を受けました。そこで、江原さんは食べてこの問題を解決《かいけつ》しようと、竹を使ったメンマの加工製造《せいぞう》にとりかかりました。「どんなにいい活動でも、おいしくなければ意味がない」と、試作を重ね、延岡産の竹を延岡産の味噌《みそ》と延岡産のとうがらしとで組み合わせて、ピリ辛《から》の「延岡メンマ」を開発しました。

規格外《きかくがい》のタケノコを使って江原《えばら》さんが開発した延岡《のべおか》メンマ。メンマは竹を煮て発酵《はっこう》させます。

◀ご飯と一緒に歯ごたえを味わって食べます。

大きくなりすぎたタケノコを材料に

メンマは、竹を発酵《はっこう》させて味付けしたものです。ラーメンのトッピングによく使われます。現在《げんざい》日本で流通しているメンマのほとんどが中国や台湾《たいわん》などからの輸入品《ゆにゅうひん》で、「マチク（麻竹）」という種類の柔《やわ》らかい竹からつくられています。日本の竹の多くは「マダケ(真竹)」や、ふだんタケノコとして食べている「モウソウチク(孟宗竹)」です。

江原《えばら》さんは、長さが約50cmから２mくらいのタケノコとして食べるには大きくなりすぎた、規格外《きかくがい》のモウソウチクを選び、メンマにしています。まだ比較的《ひかくてき》柔らかいため、簡単《かんたん》に伐採《ばっさい》できます。メンマに使われなければ、廃棄処分《はいきしょぶん》か放置《ほうち》されてしまうかだそうです。江原さんは、竹をメンマにすることで放置竹林を減《へ》らしたいと言います。

(写真提供:LOCAL BAMBOO INC.)

延岡《のべおか》メンマを使った料理

トーストやパスタにあわせたり、アイスクリームにトッピングしたりするのも、江原《えばら》さんのおすすめです。

放置竹林問題《ほうちちくりん》とは

竹林は各地にあり、とくに九州や中国地方に多く分布《ぶんぷ》しています。日本では里山の竹が竹垣《たけがき》（竹の垣根《かきね》）や土壁《つちかべ》の下地《したじ》などの建築資材《けんちくしざい》、ざるやほうきなど、様々《さまざま》な生活道具の材料として、また燃料《ねんりょう》の炭（竹炭）などにも利用されてきました。食用のタケノコは、昔も今もよく食べられていますが、今ではほとんどが輸入《ゆにゅう》ものに変わりました。

かつての日本は竹林がよく管理されていましたが、1970年代ごろから竹材やタケノコの輸入が増《ふ》えて国内の竹は利用されなくなり、現在は竹林の放置が大きな問題です。竹は短期間で成長し、地下茎《ちかけい》が広くのびて新たな竹が生えます。伐採《ばっさい》などの手入れをしなければ竹林は周囲《しゅうい》へ広がります。竹は背《せ》が高く太陽の光をさえぎるので、周辺の植物が枯《か》れてしまいます。また、竹の地下茎は浅くのびるため、竹林が山の上の方まで広がると、雨の時期には斜面《しゃめん》の地すべりの危険《きけん》も高まります。土に深く根をはる木々は雨を貯《たくわ》える保水力《ほすいりょく》がありますが、竹の根は浅いからです。

▲育ちすぎたタケノコ。メンマの材料にします。

▲手入れされていない放置竹林《ほうちちくりん》。

メンマ製造《せいぞう》で農家の収入確保《しゅうにゅうかくほ》も

江原さんは、2020年5月に「LOCAL《ローカル》 BAMBOO《バンブー》株式会社《かぶしきがいしゃ》」を立ち上げました。延岡《のべおか》メンマの材料に、地元のJA（農業協同組合）を通して規格外《きかくがい》のタケノコ（竹）を仕入れています。放置竹林《ほうちちくりん》を減少《げんしょう》させると同時に農家の収入確保《しゅうにゅうかくほ》につなげたいそうです。また、延岡メンマのオンラインショップも始めています。

竹を使ったもの

タケノコ料理

竹のざる

飲食店 宿泊所 おいしい料理を地元の食材で！

――カフェ＆ゲストハウスからよりよい未来への地域《ちいき》づくり

小原結《おばらつむぎ》さんは、岩手県一関《いちのせき》市東山《ひがしやま》町で「カフェ＆ ゲストハウスKaziya《かぢや》」を経営《けいえい》しています。昼はランチ提供《ていきょう》のカフェ、夜は宿泊《しゅくはく》客《きゃく》のゲストハウスです。県内の高校を卒業後、東京の調理専門学校《せんもんがっこう》で学び、都内のフランス料理店などで数年間働きました。その後、実家が代々《だいだい》やってきた宿泊業《しゅくはくぎょう》にチャレンジしようと決め、簿記《ぼき》やマーケティングなどビジネスを専門学校で学び、地元に帰ってきました。2019年、カフェを開くのが夢《ゆめ》だった妻《つま》の汐莉《しおり》さんと一緒《いっしょ》に開店しました。小原さんは「お客さんや農家さん、地域《ちいき》の人など、かかわる人とのコミュニケーションを大切にして、利益《りえき》の追求だけでなく、地域全体の未来を考えてやっていきたい」と話しています。

建物《たてもの》を生かして新たにデザイン

カフェ＆ゲストハウスKaziya《かぢや》の建物《たてもの》は、もとは地元のお医者さんの住宅《じゅうたく》でした。外観や内装《ないそう》は汐莉《しおり》さんがデザインしてリノベーション（大規模《だいきぼ》な改修）を施《ほどこ》し、白を基調《きちょう》とした明るく洒落《しゃれ》た空間に生まれ変わりました。

カフェのランチタイムは特に女性客《じょせいきゃく》に人気で、客の年齢層《ねんれいそう》は20代からシルバー世代まで様々《さまざま》で、子ども連れファミリーもいます。評判《ひょうばん》を聞いて近隣《きんりん》や近県からもやって来ます。宿泊客《しゅくはくきゃく》は観光客や外国人客、ビジネス客など、それに加えて帰省シーズンには近隣への帰省客もいます。

小原さんは、接客《せっきゃく》しながらお客さんに求められれば地元の情報《じょうほう》や観光情報などを惜《お》しみなく伝えています。お客さんから情報を得《え》る事も多いそうで、カフェには地域《ちいき》の情報案内が置かれています。

小原さんの1日、おもな仕事の流れ

スタッフとシフト制《せい》で交代しながら、宿泊客《しゅくはくきゃく》やランチ客に対応《たいおう》する仕事を進めています。

〔朝〕
6:15　朝食の準備《じゅんび》
7:00　朝食の提供《ていきょう》
8:00　宿泊客《しゅくはくきゃく》のチェックアウト対応《たいおう》（～ 10:00）
(10:00 から休憩《きゅうけい》)
〔昼〕
11:15　ランチの準備
11:30　ランチの提供（～ 15:00）
15:30　賄《まかな》い食とミーティング、仕込《しこ》み
(17:00 まで休憩)
〔夜〕
17:00　宿泊客のチェックイン対応、夕食の準備
18:00　夕食の提供
20:00　片付《かたづ》け、レジ金の処理《しょり》、メール対応
21:00　一日の業務終了《ぎょうむしゅうりょう》

▲カフェ＆ゲストハウス Kaziya《かぢや》　1階がカフェ、2階が宿泊《しゅくはく》部屋。もとはお医者さんの住宅《じゅうたく》だった建物《たてもの》は玄関《げんかん》ホールや階段《かいだん》などが広々としています。

（写真撮影:KickoffPlus）

地元食材を生かし、雇用《こよう》をつくる

カフェの人気メニューのカレーやキッシュなどや、ドリンク類には地元農家や産直店などで仕入れる野菜や果物、近隣《きんりん》の魚介類《ぎょかいるい》が使われ、ハンバーグには岩手南牛の肉も使われています。

農家が市場へ出荷《しゅっか》する野菜や果物には規格《きかく》があり、規格外のものは出荷できずに廃棄《はいき》されてしまうので、そういった野菜や果物は農家から直接《ちょくせつ》仕入れて生かします。

Kaziya《かぢや》のスタッフはみんな地域《ちいき》の人たちです。料理担当《たんとう》、パンづくり、菓子《かし》のパティシエ、客室を毎日清掃《せいそう》するパートさんたちなどです。

この地域は春から秋が観光シーズン。名勝の猊《げい》鼻渓《びけい》や世界文化遺産《せかいぶんかいさん》「平泉《ひらいずみ》」があり、春から秋は観光客も多く、仕事も多忙《たぼう》です。しかし、雪が降《ふ》る冬場は観光客も少なく、雇用《こよう》の確保《かくほ》が課題です。そこで小原さんは、冬場の事業としてパンのネット通信販売《はんばい》をやろうと計画しています。

川や森の自然を守り、持続可能《かのう》なビジネスモデルを目指す

Kaziya《かぢや》のすぐ裏《うら》には砂鉄川《さてつがわ》が流れていて、かつて水害が起きたこともあります。小原さんは地《ち》域《いき》の仲間たちと「砂鉄川の自然を守る会」に参加し、川の周辺の山を歩いて自然環境《かんきょう》を学んだり、森の木の健全な成長を促《うなが》すための間伐《かんばつ》作業を行ったりしています。地元の小学校に出かけて子どもたちに間伐材を使った色鉛筆《いろえんぴつ》づくりの授業《じゅぎょう》をして、森や周辺の自然環境の大切さも伝えています。

間伐材を生かす利用法がないと森も荒《あ》れていきます。小原さんは、自らのカフェでも間伐材の薪《まき》を買い取る販路《はんろ》になろうとバーベキュープランを計画しました。地元の食材、地元の燃料《ねんりょう》（薪）、地元のコンロを使った「持続可能《かのう》なビジネスモデル」を目指しています。また、Kaziyaでは小学生の職場《しょくば》体験を受け入れたり、地元の東山和紙を使ったワークショップに会場を提供《ていきょう》したりなど、地域とのつながりを大切にしています。

（左上）地元のソバ粉《こ》100%のガレット（フランス風おこのみ焼き）。（右上）冷製《れいせい》スープの材料には規格外《きかくがい》で廃棄《はいき》されるトマトと黄桃《おうとう》を農家から直接購入《ちょくせつこうにゅう》。サラダのドレッシングは甘酒《あまざけ》と果物が材料で、近くの酒造《しゅぞう》会社から清酒《せいしゅ》をしぼった後の酒かすを仕入れて甘酒にして使います。（左下）オリジナルりんごジュースと焼きたてパン。ジュースは地元の農家から規格外りんごを大量に購入し、果樹園《かじゅえん》で果汁《かじゅう》に加工します。パンは地場産オーガニック小麦を使っています。（右下）発酵《はっこう》中のパン生地。

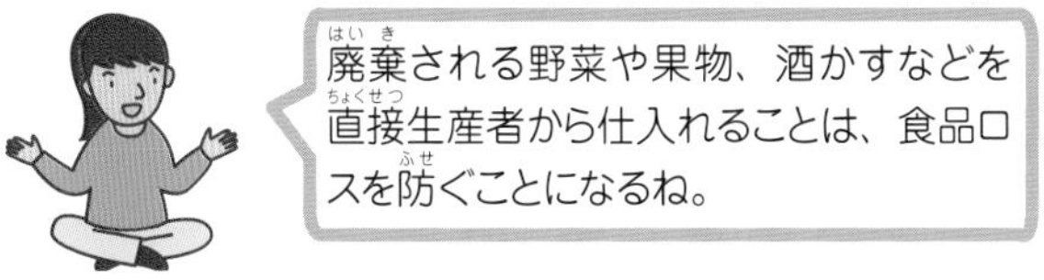

砂鉄川《さてつがわ》の自然を守る会の活動 （写真提供:砂鉄川の自然を守る会）

（上）小学生と間伐材《かんばつざい》の色鉛筆《いろえんぴつ》をつくる授業《じゅぎょう》。（右）砂鉄川《さてつがわ》の源流《げんりゅう》をたずねて歩く活動。

▶バーベキュー用コンロ。近隣《きんりん》の伝統《でんとう》工芸「南部鉄器」の製造《せいぞう》会社がデザインしたコンロです。

SDGsのゴールから未来の仕事を考えてみよう

「だれ一人取り残さない社会」をつくる仕事には、どんなものがあるのでしょう。よりよい社会をつくりだす仕事とは、どんなことなのでしょう。そんな未来の仕事を考えるうえで指針《ししん》となる（方向を示《しめ》してくれる）のが、いま世界で取り組んでいる「SDGs（持続可能《かのう》な開発目標）」です。SDGsのことは、あなたも学校で聞いたことがあるでしょう。もっとくわしく知りたければ、この本の最後に解説《かいせつ》（資料《しりょう》）があるので読んでみてください。

これまでのページでは、SDGsのゴール7から11にかかわる先進的な仕事を取り上げました。次のページからは、未来に向かってさらに発展《はってん》した仕事を考えてみました。それぞれのゴール達成に役立つ仕事を、あなたも考えてみましょう。

ゴール7 エネルギーをみんなに そしてクリーンに

ゴール7の目標は、エネルギー資源《しげん》を石炭・石油などの化石燃料《かせきねんりょう》から、太陽光・風力などの再生可能《さいせいかのう》エネルギーに切《き》り換《か》えることです。

ゴール8 働きがいも経済《けいざい》成長も

ゴール8の目標は、技術革新《ぎじゅつかくしん》などによって経済《けいざい》成長を確保《かくほ》することと、すべての仕事を働きがいのある人間らしいものにすることです。

ゴール 9 産業と技術革新《ぎじゅつかくしん》の基盤《きばん》をつくろう

ゴール9の目標は、社会インフラや技術革新《ぎじゅつかくしん》に資金《しきん》を投入して、だれ一人取り残さない強固で持続可能《かのう》な産業社会をつくることです。

ゴール 10 人や国の不平等をなくそう

ゴール10の目標は、世界中から差別や格差《かくさ》などの不平等をなくすこと。意識《いしき》の問題ではなく、きちんと法律《ほうりつ》を整備《せいび》して、公平な社会をつくりだすことです。

ゴール 11 住み続けられるまちづくりを

ゴール11の目標は、だれもが安全に安心してくらせる町の実現《じつげん》です。災害《さいがい》に強く、生活するのにふさわしい環境《かんきょう》であることが必要です。

空水陸用タクシードライバー

垂直《すいちょく》に離着陸《りちゃくりく》できる空を飛ぶ自動車により、地上の交通渋滞《じゅうたい》は大幅《おおはば》に解消《かいしょう》されます。空陸水のタクシーやバスが市民の足となります。交通システムはAI（人工知能《ちのう》）で制御《せいぎょ》され、交通事故《じこ》も減《へ》っています。

〔想像図〕

空を飛ぶ自動車は、ガソリンエンジンではなく、自然エネルギーで稼働《かどう》するモーターで動きます。地球温暖化《おんだんか》の原因《げんいん》となる二酸化炭《さんかたん》素《そ》の排出《はいしゅつ》がなくなっています。

SDGs ゴール７ エネルギーをみんなに そしてクリーンに

義手《ぎしゅ》・義足《ぎそく》デザイナー

義手《ぎしゅ》・義足《ぎそく》デザイナーは、AIを使って装着《そうちゃく》する人のくせや体の大きさを分析《ぶんせき》して、使いやすい義手や義足をデザインします。

〔想像図〕

現在《げんざい》の義手《ぎしゅ》や義足《ぎそく》は、装着者《そうちゃくしゃ》が自身の力で動かす必要があります。未来は、センサーを使って、AIに使う人を分析《ぶんせき》させ、モーターの力で動かす義手や義足の研究もされています。

キーワード **AI《エーアイ》（人工知能《ちのう》）**

人間のように新しいことを学んだり、考えたり判断《はんだん》したりすることができるコンピューターのしくみ（プログラム）。AIはArtificial Intelligence（アーティフィシャル インテリジェンス）の略《りゃく》。

SDGs ゴール 9 産業と技術革新の基盤をつくろう
SDGs ゴール 10 人や国の不平等をなくそう

体内検査《けんさ》ロボットコントローラー

人間の体内の検査《けんさ》や診察《しんさつ》を行う超小型《ちょうこがた》ロボットの操作《そうさ》をする仕事です。現在《げんざい》、検査に使われているカプセル内視鏡《ないしきょう》は、体の外から自由に制御《せいぎょ》できず、食物のように、口から入って食道や胃腸《いちょう》などを通り、肛門《こうもん》から排出《はいしゅつ》されます。体内検査ロボットは、コントローラーの操作で、体内を自由に移動《いどう》することができます。

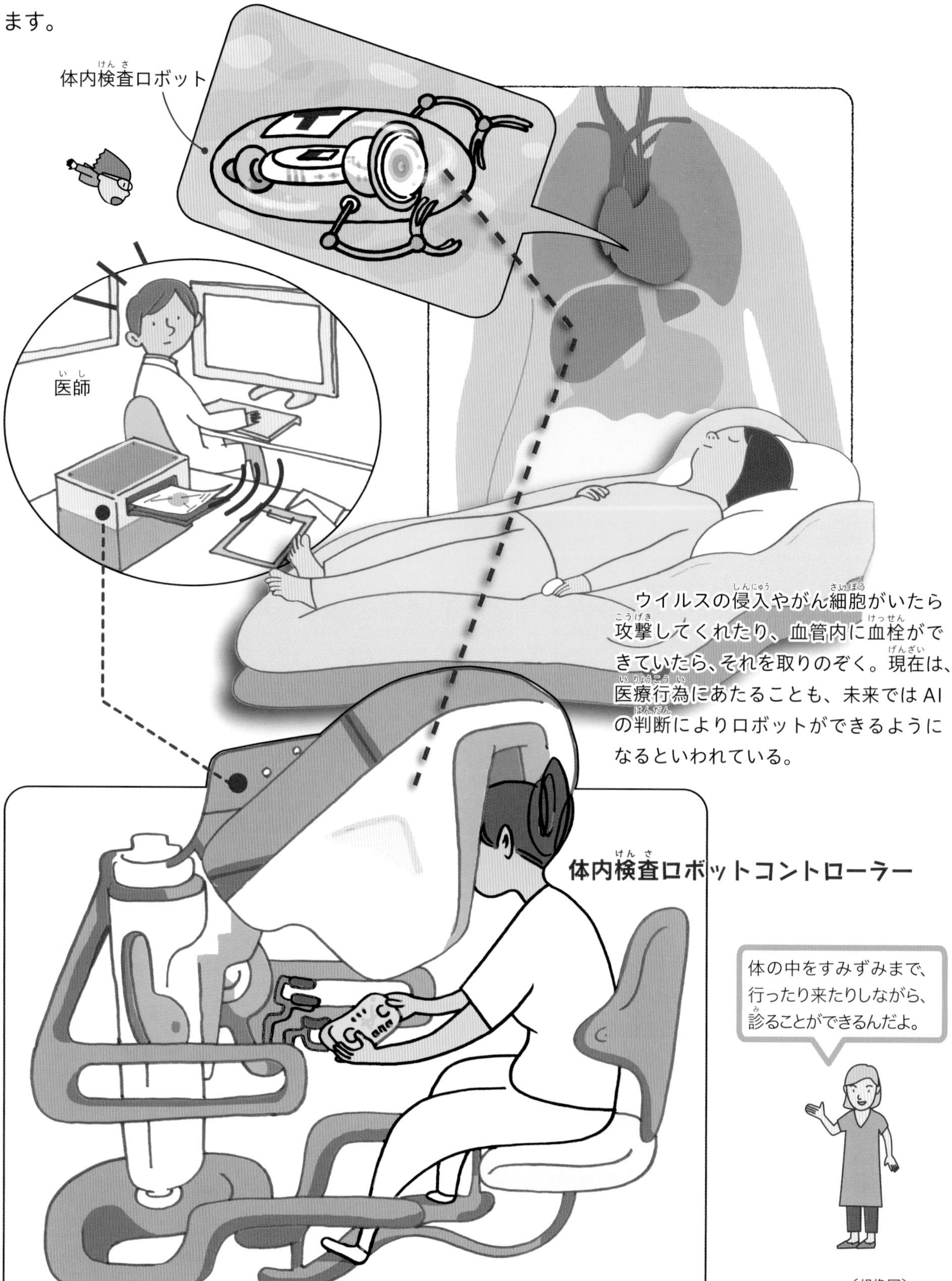

〔想像図〕

SDGs ゴール３ すべての人に健康と福祉を
SDGs ゴール９ 産業と技術革新の基盤をつくろう

仮想《かそう》旅行コーディネーター

仮想《かそう》旅行をコーディネートし、実際《じっさい》の旅行のようにモニターに映《うつ》し出《だ》す仕事。旅行に参加している人たちは、現地《げんち》に設置《せっち》されているカメラをリアルタイムで操作《そうさ》できたり、参加者同士《どうし》の交流もできます。身体が衰《おとろ》えた高齢者《こうれいしゃ》や入院患者《かんじゃ》、災害《さいがい》やパンデミックなどで旅行に行けなくなった人が利用しています。未来では、アバターが自分の分身として写真を撮《と》ったり、アバター同士の交流が行われるかもしれません。

キーワード　アバター

自分の分身となるキャラクターのこと。ユーザーはゲームやネットなどの仮想現実《かそうげんじつ》のなかでアバターを操作《そうさ》する。未来では、現実世界でのアバターの操作が一般《いっぱん》にできるかもしれない。

バーチャルメガネ型モニターを装着《そうちゃく》

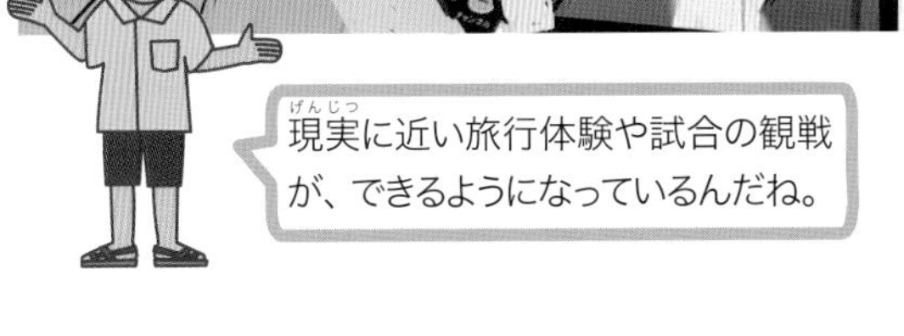

〔想像図〕

SDGs ゴール 8 働きがいも経済成長も
SDGs ゴール 9 産業と技術革新の基盤をつくろう

思い出キュレイター

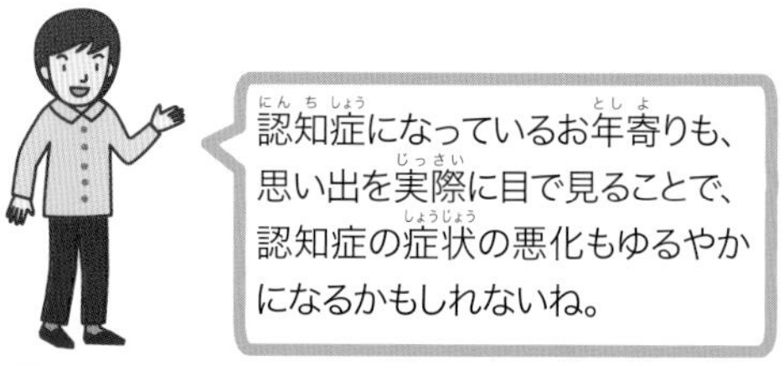

高齢者《こうれいしゃ》の人生の思い出を、再現《さいげん》する仕事です。昔の白黒写真にAIによって色をつけたり、動画をつくったりして、昔を思い出す手伝いをします。将来《しょうらい》は、脳波《のうは》を調べることで、人の声や自然の音などの音声も出力されたり、亡《な》くなった人の声が骨格《こっかく》とDNAを調べることで再現されるようになるかもしれません。

＊キュレイターとは、企画《きかく》や運営《うんえい》をする人のことです。

〔想像図〕

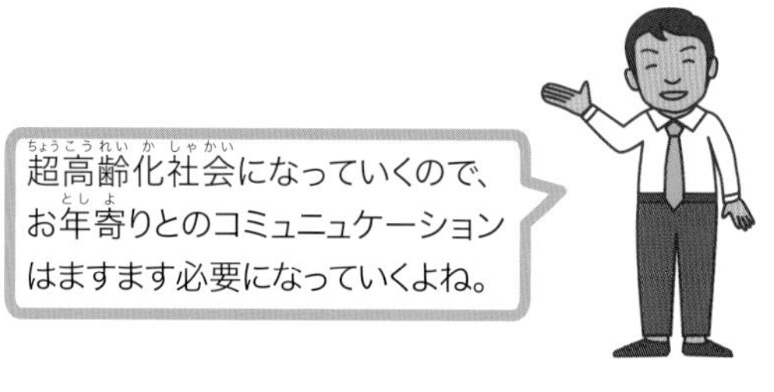

SDGs ゴール 8 働きがいも経済成長も
SDGs ゴール 9 産業と技術革新の基盤をつくろう

宇宙《うちゅう》旅行ガイド

　これまでは、特別な訓練を受けた宇宙飛行士《うちゅうひこうし》だけに宇宙の体験は許《ゆる》されていましたが、2021年7月にアメリカで、アマゾン創業者《そうぎょうしゃ》のベゾス氏ら４人の民間人がごく短時間の宇宙旅行に成功しました。今後、安全性《あんぜんせい》が高まり、また費用《ひよう》が安くなっていけば、家族などの宇宙旅行も現実《げんじつ》に近づきます。

家族で宇宙《うちゅう》旅行に行ってるんだね。

日本は太平洋の西側にあるので、地球の自転の力を利用できる、宇《う》宙船《ちゅうせん》の発射場《はっしゃじょう》にめぐまれているんだって。

子育て支援《しえん》ロボット開発者

核家族化《かくかぞくか》が進み、幼児《ようじ》を持つ家庭、特にシングル家庭では子育ての負担《ふたん》は大きくなっています。行政《ぎょうせい》からの子育て支援補助金《しえんほじょきん》が出ても、日々《ひび》の育児・家事には、実際《じっさい》に労力をかける必要があります。

子育て支援《しえん》ロボットの開発・製品化《せいひんか》は進みつつあります。ミルクをつくるロボット、オムツ替《が》えを知らせるセンサー型《がた》ロボット、幼児と遊んでくれる人間型ロボットなどの開発が行われています。子育て支援ロボットのサポートで、子育ての負担が軽くなり、子どもと向き合う時間が増《ふ》えていきます。

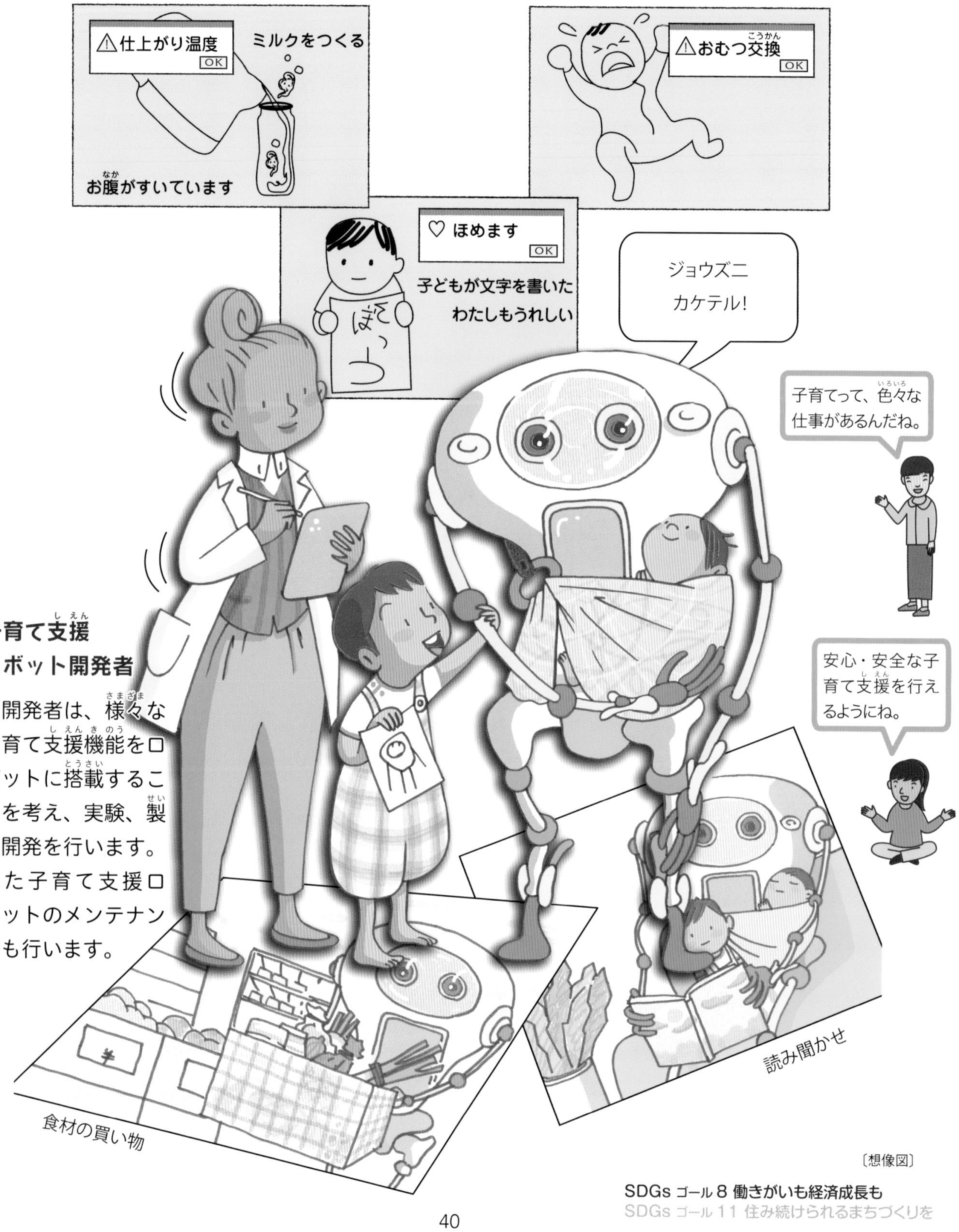

子育て支援《しえん》ロボット開発者

開発者は、様々《さまざま》な子育て支援機能《しえんきのう》をロボットに搭載《とうさい》することを考え、実験、製《せい》品《ひん》開発を行います。また子育て支援ロボットのメンテナンスも行います。

〔想像図〕

SDGs ゴール8 働きがいも経済成長も
SDGs ゴール11 住み続けられるまちづくりを

インフラメンテナンスドクター

　古い建造物《けんぞうぶつ》、気候変動などによる災害《さいがい》によって脆弱《ぜいじゃく》になった建物などを調《ちょう》査《さ》する仕事です。メンテナンスするか、新たに建て直すのかを決定するためのデータを集めて提案《ていあん》します。

〔想像図〕

キーワード　インフラ

　道路や鉄道、上下水道、発電所・電力網《でんりょくもう》、通信網《つうしんもう》、港湾《こうわん》、空港、灌漑《かんがい》・治水施設《しせつ》などの公共的・公益的《こうえきてき》な設備《せつび》や施設、構造物《こうぞうぶつ》など。

リモート建設《けんせつ》ドライバー

建設業《けんせつぎょう》は、人手不足や高齢化《こうれいか》の進み具合がはげしい業界となっています。また長時間労働という課題もあります。この課題を解決《かいけつ》するのが、リモート建設です。リモート建設は、ビルや橋、トンネルなどの建設を遠隔操作《えんかくそうさ》で行います。ネットワークカメラやGPS、AIなどを搭載《とうさい》した無人建設機械で工事を行うので、現場《げんば》で働く作業員の安全性《あんぜんせい》の確保《かくほ》、省力化、労働時間の短縮化《たんしゅくか》につながっています。

この絵は、リモート建設で、高層《こうそう》ビルを建設している様子です。リモート建設ドライバーは別室からリモートクレーンを操作《そうさ》しています。

〔想像図〕

ドローン配達セキュリティー

高齢《こうれい》化《か》社会《しゃかい》で「買い物難民《なんみん》」は多くなっています。自動車を運転するのもエネルギーや安全面で問題です。また流通・運輸《うんゆ》業界も人手不足です。ドローンによる配達サービスが普及《ふきゅう》すると、これらの問題を解決《かいけつ》する手立てとなります。

ドローンなら道路を使う必要がないので、災害《さいがい》や降雪《こうせつ》などで道路の通行ができないときでも、各家庭の宅配《たくはい》ボックスまで運べます。

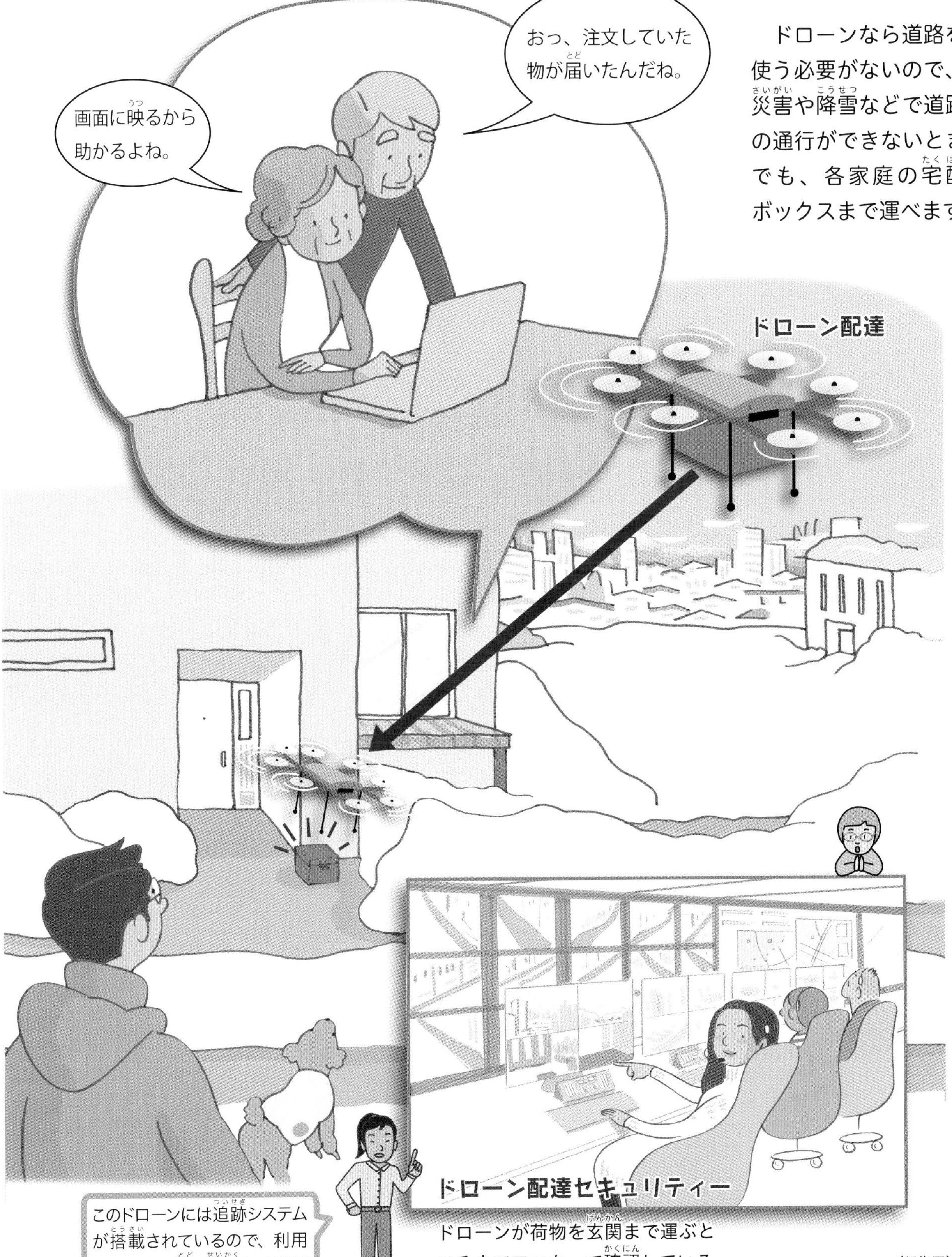

ドローンが荷物を玄関《げんかん》まで運ぶところまでモニターで確認《かくにん》している。

〔想像図〕

【資料《しりょう》】SDGs（持続可能《かのう》な開発目標）

2015年、国連で「持続可能《かのう》な開発のための2030アジェンダ」が採択《さいたく》されました。「アジェンダ」とは行動計画のこと。「2030アジェンダ」は、これまで国連が取り組んできた、環境《かんきょう》、貧困《ひんこん》、人権《じんけん》、開発、平和などの課題について、2030年までの解決《かいけつ》をめざして整理したものです。この「2030アジェンダ」のなかで、各分野の目標を具体的に定めたのが、「SDGs（Sustainable Development Goals）」=「持続可能な開発目標」です。

SDGsは、17の「ゴール（大目標）」と169の「ターゲット（小目標）」からなっています。ゴールの1から15は「社会」「経済《けいざい》」「環境」の3分野の課題、ゴールの16と17は分野を横断《おうだん》する課題です。

「2030アジェンダ」は国際条約《こくさいじょうやく》ではないので、罰則《ばっそく》や強制力《きょうせいりょく》はありませんが、国連に加盟《かめい》するすべての国が全会一致《いっち》で決議した宣言《せんげん》です。

第《だい》2巻《かん》は、SDGsのゴール7からゴール11までにかかわる仕事を取り上げました。7から11までのゴールの内容《ないよう》は次のとおりです。

ゴール7　エネルギーをみんなに　そしてクリーンに

【主なターゲット】

ターゲット7.1　だれもが、安くて信頼《しんらい》できるエネルギーサービスを使えるようにする。

ターゲット7.2　エネルギーミックスにおける再生可《さいせいか》能《のう》エネルギーの割合《わりあい》を大幅《おおはば》に拡大《かくだい》させる。

これまで世界の経済《けいざい》成長は、石炭や石油といった化石燃料《かせきねんりょう》、すなわち二酸化炭素《にさんかたんそ》（CO_2）をたくさん排出《はいしゅつ》するエネルギー資源《しげん》に頼《たよ》ってきました。そのため経済活動から排出された二酸化炭素などの温室効果《おんしつこうか》ガスが大気圏《たいきけん》に蓄積《ちくせき》して地球を暖《あたた》め、いま世界は地球温暖化《おんだんか》、気候変動に苦しんでいます。

これからは、全世界が協力して温室効果ガス排出の少ない、太陽光・風力・地熱といった再生可《さいせいか》能《のう》エネルギーの生産を増《ふ》やさなければなりません。世界の人口は今後も増え続けると予測《よそく》されています。エネルギーの必要量も増えていくことになりますので、そのための投資《とうし》が必要です。

経済成長を進めながら環境《かんきょう》も守っていく。そのために、クリーンなエネルギー源《げん》を安くつくれるようにしていこう、というのがゴール7の目標です。

ゴール8　働きがいも経済《けいざい》成長も

【主なターゲット】

ターゲット8.5　若者や障《しょう》がい者を含《ふく》むすべての男性《だんせい》と女性に、働きがいのある人間らしい仕事と同一《どういつ》労働同一賃金《ろうどうどういつちんぎん》を達成する。

ターゲット8.7　強制《きょうせい》労働をなくし、現代《げんだい》の奴隷制《どれいせい》、人身売買を終わらせる。児童兵士《へいし》を含《ふく》む児童労働をなくす。

ゴール8は、人びとの労働と世界の経済《けいざい》成長についての目標です。

若者《わかもの》・障《しょう》がい者・女性《じょせい》・移民《いみん》などを含《ふく》むすべての人が、仕事に就《つ》けるようにし、なおかつその仕事が「働きがいのある人間らしい仕事（ディーセント・ワーク）」であること。労働者の権利《けんり》が保護《ほご》され、安全・安心な環境《かんきょう》で働けること。さらに、強制《きょうせい》労働や児童労働といった非人間的《ひにんげんてき》な労働を撲滅《ぼくめつ》することなどが、労働に関する目標です。

世界の経済成長では、各国が多様化や技術《ぎじゅつ》の向上、技術革新《かくしん》（イノベーション）などを通じて高いレベルの生産性《せいさんせい》をつくりだし、1人あたりの経済成長率《せいちょうりつ》を確保《かくほ》すること。生産性の低い後発開発《こうはつかいはつ》途上国《とじょうこく》には、各国が技術支援《しえん》や貿易《ぼうえき》のための援助《えんじょ》を行い、年率《ねんりつ》7%程度《ていど》の成長率を確保できるようにすることなどが、目標にかかげられています。

ゴール9　産業と技術革新《ぎじゅつかくしん》の基盤《きばん》をつくろう

【主なターゲット】

ターゲット9.1　公平な経済発展《けいざいはってん》と人間の豊《ゆた》かさのために、強固なインフラを開発する。

ターゲット9.4　資源《しげん》利用効率《こうりつ》の向上とクリーン技術《ぎじゅつ》の導入拡大《どうにゅうかくだい》を通じて持続可能性《かのうせい》を向上させる。

持続可能《かのう》な開発を達成するためには、運輸《うんゆ》やエネルギー、情報《じょうほう》通信分野などのインフラ（社会基《き》盤《ばん》）への投資《とうし》（資金《しきん》を投入すること）が重要です。資源《しげん》利用の効率《こうりつ》を高める、エネルギー効率をよくする、などのクリーン技術《ぎじゅつ》の進歩は、環境《かんきょう》問題を解決《かいけつ》するための土台になります。ゴール9は、災《さい》害《がい》などで被害《ひがい》を受けても復元《ふくげん》できる強固なインフラを築《きず》いて、産業をだれ一人取り残さない持続可能なものにし、産業の技術革新《かくしん》を促進《そくしん》させるのがねらいです。とくに後発開発途上国《こうはつかいはつとじょうこく》については、情報通信技術へのアクセスを向上させ、2020年までにだれもが安くインターネットにアクセスできるようにするとしています。

ゴール10　人や国の不平等をなくそう

【主なターゲット】

ターゲット10.2　すべての人の能力《のうりょく》を強化し、社会的、経済的《けいざいてき》、政治的《せいじてき》に排除《はいじょ》されないようにする。

ターゲット10.7　よく管理された政策《せいさく》を通じて、安全で秩序《ちつじょ》のとれた責任《せきにん》ある移住《いじゅう》を促進《そくしん》する。

世界的にみると絶対的貧困《ぜったいてきひんこん》の問題は改善《かいぜん》されつつあります。けれど医療《いりょう》や教育などでは、大きな格差《かくさ》が残されています。また、国家間の経済的《けいざいてき》格差は小さくなっているものの、それぞれの国内において不平等が拡大《かくだい》しています。

国家間の不平等、そして各国内にある不平等を減《へ》らすことがゴール10の目標です。各国内では、差別的な法律《ほうりつ》や政策《せいさく》をなくすことで機会を均等《きんとう》にし、所得《しょとく》の不平等をなくしていくべきだとしています。国家間では、国際的《こくさいてき》な経済・金融《きんゆう》政策の決定に際《さい》して、もっと開発途上国《かいはつとじょうこく》の意見が反映《はんえい》されるようになれば、より効果《こうか》的で信用性《しんようせい》の高い制度《せいど》が実現《じつげん》するとしています。

ゴール11　住み続けられるまちづくりを

【主なターゲット】

ターゲット11.3　だれ一人取り残さないようにして都市化を促進《そくしん》し、人びとが参加する形で居住《きょじゅう》における計画・管理の能力《のうりょく》を強化する。

ターゲット11.7　どんな人でも安全に簡単《かんたん》に緑地や公共スペースを利用できるようにする。

持続可能《かのう》な形で都市を維持《いじ》するためには、人口の過密《かみつ》、基本的《きほんてき》サービスに必要な資金《しきん》の不足、適《てき》切《せつ》な住宅《じゅうたく》の不足、インフラの老朽化《ろうきゅうか》など多くの課題を解消《かいしょう》しなければいけません。

ゴール11は、都市の町づくりについて問題点を指摘《してき》し、達成目標を定めています。すべての人が安全で安価《あんか》な住宅を確保《かくほ》し、電気・水道など基本的サービスが受けられるようにすること。公共交通機関は、女性《じょせい》、子ども、高齢者《こうれいしゃ》、障《しょう》がい者などに配慮《はいりょ》しつつ、安全で安価に利用できるようにすること。貧困層《ひんこんそう》などに配慮しつつ、被災者《ひさいしゃ》を大《おお》幅《はば》に減《へ》らすために災害対策《さいがいたいさく》をほどこすこと。汚染《おせん》大気や廃棄物《はいきぶつ》などがつくりだす都市環境《かんきょう》の悪化を防《ふせ》ぐこと。スラム（過密で劣悪《れつあく》な環境の困窮者居《こんきゅうしゃきょ》住区《じゅうく》）を改善《かいぜん》すること、などが具体的な目標です。

さくいん

あ

青山明弘《あおやまあきひろ》…… 22
赤ちゃん…… 18
アバター…… 37
育児…… 40
意思伝達装置《そうち》…… 15
移住《いじゅう》…… 45
一万円選書…… 27
異文化《いぶんか》…… 26
医療《いりょう》…… 18、36、45
岩澤直美《いわざわなおみ》…… 26
いわた書店…… 27
岩田徹《いわたとおる》…… 27
インターネット…… 15、19、45
インフラ…… 33、41、45
インフラメンテナンスドクター…… 41
WHILL《ウィル》…… 17
WHILL自動運転システム…… 17
宇宙《うちゅう》旅行ガイド…… 39
AI《エーアイ》（人工知能《ちのう》）…… 14、34、35、42
ALS《エーエルエス》（筋萎縮性側索硬化症《きんいしゅくせいそくさくこうかしょう》）…… 15
SDGｓ《エスディージーズ》…… 32、44
エネルギー…… 6、9、32、44、45
エネルギーサービス…… 44
江原太郎《えばらたろう》…… 28
遠隔医療《えんかくいりょう》…… 19
遠隔操作《えんかくそうさ》…… 15、42
遠隔妊婦健診《えんかくにんぷけんしん》システム…… 19
尾形優子《おがたゆうこ》…… 18
小原結《おばらつむぎ》…… 30
思い出キュレイター…… 38
オリィ研究所…… 14
OriHime《オリヒメ》…… 14
温室効果《おんしつこうか》ガス…… 44

か

開発…… 10、14、16、17、18、40
買い物難民《なんみん》…… 43
格差《かくさ》…… 33、45
加工製造《せいぞう》…… 28
仮想現実《かそうげんじつ》…… 37
仮想《かそう》旅行コーディネーター…… 37
Kaziya《かぢや》…… 30
学校…… 12、25、26
カフェ…… 30
KARAFURU《カラフル》…… 10
Culmony《カルモニー》…… 26
環境《かんきょう》…… 6、33、44、45
環境《かんきょう》づくり…… 9
観光客…… 30
間伐材《かんばつざい》…… 31
カンボジア…… 12
カンボジア内戦…… 13
規格外《きかくがい》…… 28、31
起業…… 10、16、18、22
気候変動…… 41、44
義手《ぎしゅ》・義足《ぎそく》デザイナー…… 35
技術《ぎじゅつ》…… 10、16、17、45
技術革新《ぎじゅつかくしん》…… 32、33、44、45
技術支援《ぎじゅつしえん》…… 44
技術《ぎじゅつ》の継承《けいしょう》…… 10
義足《ぎそく》…… 16、35
基本的《きほんてき》サービス…… 45
教育…… 24、45
空水陸用タクシードライバー…… 34
クオン・デット…… 13
車いす…… 17
黒田幸《くろだゆき》…… 10
経済《けいざい》成長…… 32、44
経済的格差《けいざいてきかくさ》…… 45
ゲストハウス…… 30
後継者《こうけいしゃ》不足…… 10
交通システム…… 34
高齢化《こうれいか》…… 7、38、42
高齢者《こうれいしゃ》…… 16、17、38
高齢初産婦《こうれいしょさんぷ》…… 18
ゴール（大目標）…… 44
個性《こせい》に合わせ…… 35
子育て支援《しえん》ロボット開発者…… 40
孤独《こどく》…… 14
こども水力発電所…… 7
子どもたちを支援《しえん》…… 23
媚山政良《こびやままさよし》…… 8
コミュニケーションロボット…… 14

さ

サーカス団《だん》…… 12
サーバー…… 8
災害対策《さいがいたいさく》…… 45
再生《さいせい》可能《かのう》エネルギー…… 9、32、44
再生《さいせい》パソコン…… 22
砂鉄川《さてつがわ》の自然を守る会…… 31
差別…… 33
産業…… 9、45
資源《しげん》…… 6、7、23、32、44、45
自然エネルギー…… 23
持続可能《かのう》な地域《ちいき》づくり…… 7
持続可能《かのう》な発電…… 6
持続可能《かのう》なビジネスモデル…… 31
肢体不自由児《したいふじゆうじ》…… 24
自動運転モビリティサービス…… 17
児童労働…… 44
地元食材…… 31
社会保障《ほしょう》…… 22
周産期…… 18
就労《しゅうろう》…… 23
ジュエリー…… 10
出産…… 18
障《しょう》がい…… 14、24、44
小水力発電…… 6
情報通信技術《じょうほうつうしんぎじゅつ》…… 45
職人《しょくにん》…… 10
食品加工…… 9
女性《じょせい》差別…… 20
書店…… 27
女優《じょゆう》…… 24
シングル家庭…… 40
人口の減少《げんしょう》…… 7
診察《しんさつ》…… 36
身体障《しょう》がい者《しゃ》…… 15

垂直《すいちょく》に離《り》着陸《ちゃくりく》…… 34
水力発電…… 6
杉江理《すぎえさとし》…… 17
スマートフォン…… 8、19
絶対的貧困《ぜったいてきひんこん》…… 45
セラピー…… 13
ゼロカーボン…… 9
相互理解《そうごりかい》…… 26
空を飛ぶ自動車…… 34
孫小軍《そんしょうぐん》…… 16

た

ターゲット（小目標）…… 44
体内検査《けんさ》ロボットコントローラー 36
竹 …… 28
タケノコ…… 28
タブレット…… 19
だれ一人取り残さない…… 32、45
地域《ちいき》…… 6、18、30、31
地域《ちいき》の活性《かっせい》化…… 11
小さな本屋…… 27
地球温暖化《おんだんか》…… 44
地産地消…… 9
データセンター…… 8
電動車いす…… 17
伝統《でんとう》工芸…… 10
都市…… 45
ドローン配達セキュリティー…… 43

な

難病患者《なんびょうかんじゃ》…… 15
難民《なんみん》…… 13、22
難民《なんみん》キャンプ…… 13
難民申請《なんみんしんせい》…… 23
難民認定《なんみんにんてい》…… 23
二酸化炭素《にさんかたんそ》（CO_2）…… 9、23、44
2030アジェンダ…… 44
人間らしい仕事…… 44
認知症《にんちしょう》…… 38
妊婦《にんぷ》…… 18
ネットワークカメラ…… 24
ねむの木学園…… 25
農業…… 28
脳性《のうせい》まひ…… 24
延岡《のべおか》メンマ…… 28

は

バーチャル…… 37
BionicM《バイオニックエム》…… 16
バイオマス…… 9
廃棄《はいき》…… 23、28
配達サービス…… 43
パソコン…… 8、15、19、22
働きがい…… 32、44
発電…… 6
発展途上国《はってんとじょうこく》…… 19
パワード義足《ぎそく》…… 16
ピープルポート…… 22
人手不足…… 42、43
人と人をつなぐ…… 14
ビニールハウス…… 9
ファー・カンボジアン・サーカス 12
ファー・ポンルー・セルパク…… 12
福祉《ふくし》…… 24
物理学…… 20
不平等…… 33、45
プラットフォーム…… 19
分身ロボット…… 14
分娩監視装置《ぶんべんかんしそうち》…… 18
ベロニク・ドゥクープ…… 13
偏見《へんけん》…… 26
ベンチャー企業《きぎょう》…… 6
放置竹林《ほうちちくりん》…… 28
本 …… 27
本間弘達《ほんまこうた》…… 8

ま

蒔絵《まきえ》…… 11
まちづくり…… 33、41、45
マリー・キュリー…… 20
水資源《みずしげん》…… 6
宮城《みやぎ》まり子…… 24
村川友美《むらかわともみ》…… 6
Melody《メロディ》 i《アイ》…… 18
メンテナンス…… 41
メンマ…… 28
モニター…… 18、35、37
モビリティ…… 17

や

湯浅年子《ゆあさとしこ》…… 20
雪屋媚山商店《ゆきやこびやましょうてん》…… 8
雪冷房《ゆきれいぼう》…… 8
養護《ようご》学校…… 25
養護施設《ようごしせつ》…… 24
吉藤《よしふじ》オリィ…… 14

ら

リサイクル…… 23
リバー・ヴィレッジ…… 6
リモート建設《けんせつ》ドライバー…… 42
留学《りゅうがく》…… 20
リユース…… 23
旅行…… 37
レアメタル…… 23
労働…… 44
LOCAL《ローカル》 BAMBOO《バンブー》…… 29
ロボット…… 14、16、36、40
ロボット義足《ぎそく》…… 16

わ

ワークショップ…… 7、26、31

著者：SDGsを実現する2030年の仕事未来図編集委員会

装幀
村口敬太（Linon）

装画
阿部行夫

本文デザイン
Noside

イラスト・漫画・図版
板垣真誠　Yamamoto Yukiko　松島りつこ　yuyuja

執筆・構成
市川はるみ　西戸山学　すずきしのぶ　長谷川清

企画・編集・制作
キックオフプラス（代表 小松亮一）

写真提供
カバー・表紙・本扉
表１：ピープルポート株式会社（上）、KARAFURU（下）
表４：株式会社リバー・ヴィレッジ（左）、株式会社オリィ研究所（中央）、Susan Baggett（右）
本扉：ピープルポート株式会社

SDGsを実現する2030年の仕事未来図
❷よりよい社会をつくる仕事

2021年12月　初版第1刷発行
著　者　SDGsを実現する2030年の仕事未来図編集委員会
発行者　水谷泰三
発行所　株式会社**文溪堂**

〒112-8635　東京都文京区大塚3-16-12
TEL　営業（03）5976-1515　編集（03）5976-1511
ホームページ　https://www.bunkei.co.jp

印刷・製本　図書印刷株式会社

ISBN978-4-7999-0425-1　NDC360　48p　293 × 215mm